童心与世界

李　迷　李宗元　著

九州出版社
JIUZHOUPRESS

图书在版编目（CIP）数据

童心与世界 / 李迷，李宗元著. -- 北京 ：九州出版社，2019.4
ISBN 978-7-5108-7967-8

Ⅰ. ①童… Ⅱ. ①李… ②李… Ⅲ. ①散文集—中国—当代 Ⅳ. ①I267

中国版本图书馆CIP数据核字(2019)第056422号

童心与世界

作　　者　李迷　李宗元　著
出版发行　九州出版社
地　　址　北京市西城区阜外大街甲35号（100037）
发行电话　(010)68992190/3/5/6
网　　址　www.jiuzhoupress.com
电子信箱　jiuzhou@jiuzhoupress.com
印　　刷　河北盛世彩捷印刷有限公司
开　　本　880毫米×1230毫米　32开
印　　张　8
字　　数　60千字
版　　次　2019年4月第1版
印　　次　2019年4月第1次印刷
书　　号　ISBN 978-7-5108-7967-8
定　　价　39.00 元

★版权所有　侵权必究★

目录

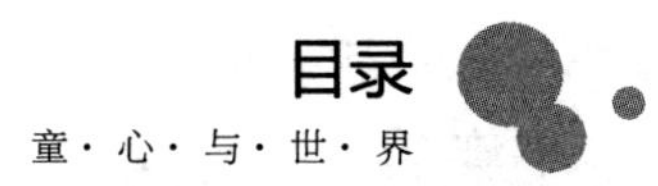

童·心·与·世·界

父亲的话
（代序）

——

结婚前，我一直对“夫妻间总是依着较为庸碌的一人的水准而生活”这句话深感迷惑。我不知道这句名言究竟有没有客观的事实依据，也不知道莫洛亚究竟经历了怎样的生活震撼而发出这种感慨，反正受其影响我直到临近不惑之年才迟迟踏入围城。及至尝到夫妻间的龃龉与家庭生活的艰涩，尤其是女儿降临后遇到的那些风风雨雨，我才渐渐理解了这句箴言的深刻含义。

我们总以为家是候鸟的巢、渔船的港湾，是心灵休憩的驿站、理想腾飞的跳板，我们总把“成家”置于“立业”之前，我们总爱说“家和万事兴”，然而事实却并非如此。如果我们为了家庭的和谐一味宽容与忍让，如果我们害怕婚姻的争斗比害怕第三次世界大战还甚，那种担忧和害怕恰恰可能使我们的婚姻与家庭深深陷入俗不可耐的平庸之中。结果非但“立业”，连起码的“家庭幸福”也可望而不可即。因为夫妻间平庸的一方总会高举爱情与责任的大旗，以婚姻和小孩做筹码来劫持对方，或恶语相向，或泪眼婆娑，不将对方生活的水准降至同一水平誓不罢休。

家庭的和谐不是时髦的物质和平庸的包容共同营造出来的氛围，而是人类童心的产物，是人与人的自然相处。其实那些把宽容看成爱情与婚姻的真谛，不断鼓吹对配偶缺点要包容的人错了，因为应该包容的是人的缺陷而非缺点，对那些能够改变的缺点与恶习，我们永远也不能容忍，否则婚姻与家庭可能变成藏污纳垢的垃圾站。

贫穷并不可怕，贫穷而冷漠才会与不幸结盟；富贵亦不可喜，沉溺于物质享乐同样会与幸福失之交臂。真正美满的婚姻绝不是一方对另一方的臣服，而是彼此独立共同臣服于仁爱与高尚；真正和谐的家庭绝不是黄金可以垒筑的安乐窝，它必与大自然为邻，与万千同胞休戚相关，与真善美结伴而行！

老子云“恒德不离，复归于婴儿；恒德乃足，复归于朴”，又云“致虚极，守静笃；沌沌兮，如婴儿之未孩”。明末李贽也说“夫童心者，真心也；若失却童心，便失却真心；失却真心，便失却真人”。他们何以不约而同地视童心为人生真谛呢？因为他们都是崇尚自然的龙的传人。

时至今日我才终于明白：组成一个幸福家庭最核心的东西，不是金钱，也不是爱与包容，而是与生俱来、永不泯灭的童心！

第一辑

童趣盎然

前言

孩提时总希望长大，长大了却又深感失望。父亲一直困惑不解，是童年的梦太荒诞，还是他面对的世界太荒诞？

后来女儿降临了。他暂且抛开那些困惑，忙着对女儿实施道德和知识的训教。谁曾料到，在他施教的过程中，他发现他们的关系竟然颠倒了：她成了先生，他倒成了学生！

他这才恍然大悟：荒诞的是他在抛弃童年玩具时把童心也一块儿抛弃了……

于是，他将女儿小迷四岁前的生活片段记录下来，但愿她能帮助那些和他一样曾经丢失了童心的人也能找回属于自己的无价之宝。

看电影

爸爸妈妈陪伴小迷到电影院看动画片《哪吒闹海》。

影片放映到哪吒为救百姓挥剑自刎时，小迷扑进爸爸怀里号啕大哭起来。

妈妈尴尬地望了望四周，连忙对女儿说：

“小迷别哭，那是假的。”

爸爸也想说点什么，但还未开口，眼泪早已夺眶而出……

——是我的女儿把我从虚假的世界拉回了真实的人生。

蝴蝶

“爸爸，妈妈说蝴蝶小时候吃蔬菜是坏东西，她说得不对，是吗？”

“为什么不对呢，小迷？”爸爸反问道。

“蝴蝶那么好看，吃点蔬菜有什么关系，我每天还吃那么多蔬菜呢！”小迷回答。

——用单一的标准衡量好与坏，人生将变得何其乏味！

说普通话

小迷上幼儿园后，看到老师都说普通话，回家后她也要爸爸妈妈同她说普通话。

有一次，爸爸妈妈吵嘴后，她问爸爸：

“妈妈说和你没有共同语言，共同语言是什么？”

“就是说同一种话。”爸爸说。

“那你和妈妈也讲普通话吧。”小迷说。

从此以后，小迷再也不准爸爸妈妈用长沙话和郴州话相互交谈了。

——*父母唯有同样钟爱他们的孩子，才能找到一个幸福家庭所必需的共同语言。*

领子衣

小迷第一次看见爸爸穿戴假领，惊奇地叫了起来：

“爸爸穿领子衣！”

“这叫假领，不叫领子衣。”爸爸纠正她说。

“是领子衣，就是领子衣！”小迷固执地坚持道。

——是的，衣领的确是真的，不过没有衣袖和衣襟罢了。成人世界中不知还有多少这一类荒谬的概念呢！

金鱼

小迷从鱼缸里抓出一条金鱼放进垫满碎纸的小木盒里。爸爸看见后，连忙把金鱼放回鱼缸，可是已经晚了。

“你把它放进盒子里干什么？”爸爸问。

“它游累了，我想让它睡觉。”小迷答道。

“鱼不能离开水，你看，它死了！”

“它还会醒来和我玩吗？”

“它再也不会醒了。”爸爸叹了一口气说。

“那它以后呢？”小迷焦急地问。

“以后……变成水，变成泥土。”

“以后呢？”

“变成草，变成花。”

“再以后呢？”

“变成香气，变成金子的光芒。”

——*不是深奥的哲学论著，而是女儿的刨根问底使我明白了生与死的真谛。*

小乞丐

小迷正吃着面包，看见两位小乞丐在向行人乞讨。她连忙让爸爸再去买来两个面包。

当小迷将面包递给那两位小乞丐时，再三叮嘱他们道：

“要洗干净手再吃，不然会生病的。”

回家的路上，小迷一直默默无语，到家时她突然说：

“爸爸，我们忘记给他们买健力宝了，他们吃完面包要口渴的。”

——被爱时，你是一个人；爱别人时，你才成为你自己。

三声爸爸

“小迷，叫三声爸爸。”

“三声爸爸！”

——儿童的简洁是成人永远无法企及的。

小时候

有一天，爸爸妈妈谈起各自小时候的趣事，小迷在一旁忽然插嘴道：

“我小时候也干了好多好笑的事情。”

“你才三岁，哪儿来的小时候？”爸爸妈妈忍俊不禁地问她。

“我就有小时候，我小时候吃奶，现在不吃奶了。”小迷回答。

——我们总爱将自己的意志强加于人，其实连三岁小孩也制服不了。

明天

每当小迷犯了错，爸爸妈妈就叱责她：

“明天不准这样！”

小迷也总会毫无例外地回答：

“明天我一定会变乖。”

有一天，她突然笑了起来：

“明天还有明天，明天还有明天，我就是明天乖，今天不乖。”

——*面对自己今天所犯的过失，政客们总有办法到昨天去寻找原因，让明天去承担结果。*

睡懒觉

“小迷，还睡懒觉，太阳公公要用鞭子打你屁股了！”

“太阳公公昨天睡了一天，今天当然起得早。”

——*所有的恶习都有自己的辩护士。*

五官的妙用

“小迷，你为什么长两只耳朵？”

“一边听爸爸的话，一边听妈妈的话。”

“为什么长两只眼睛？”

“一只看左边，一只看右边。”

“为什么长两个鼻孔？”

“要是只有一个鼻孔，用手指堵住，鼻涕就流不出来了。”

“为什么只长一张嘴？”

“要是有两张嘴，它们会为了抢一颗糖打架。”

——政客解释世界，其实同小孩一样轻率，只因为有权力那只恶犬，大家不敢笑罢了。

红日

黄昏，小迷同爸爸在江边漫步。爸爸让小迷背《登鹳雀楼》。

“红日依山尽……”小迷立刻大声背了起来。

“小迷，你背错了！应该是‘白日依山尽’。”爸爸马上打断了小迷的背诵。

小迷随即指着天边那一轮火红的夕阳，振振有词地质问爸爸：

“你看！那是白日吗？”

——我们总爱重复前人的一切，从生活习惯直到思想观念，殊不知重复乃死亡的代名词。

打屁股

小迷第一次受到妈妈打屁股的惩罚后，如法炮制地在自己心爱的布娃娃屁股上打了几下。随即，她又含着泪将布娃娃抱在怀里边拍边哄道：

“小乖乖，不要哭，姐姐坏，姐姐再不打你了。”

——暴力如果能驱赶恶，善也会同时丧失；暴力如果能带来善，恶也会同来。

儿童画

小迷画了一幅画，太阳四周画着一条条直线，小鸟前面有一道道曲线，花朵四周是许多小点。

爸爸知道直线代表阳光，曲线代表歌声，但他不知道小点代表什么，于是小迷解释道：

“那是花的香气。”

——*童心是心灵的眼睛，童心是灵感的翅膀。*

买爸爸

过年了，妈妈给小迷压岁钱，让她去买自己最喜欢的东西。

小迷于是对妈妈说：

“我最喜欢爸爸，我去买爸爸！”

——*只有无法用金钱衡量的东西，才值得我们去爱。*

洗钱

爸爸看见小迷拿了一张五元的人民币在玩，便说：

“小迷，钱很脏，不要玩了。”

过了一会儿，小迷趁爸爸不注意时，将纸币放进脸盆中去搓洗。谁知钱搓破了也没能洗干净。

——金钱是肮脏的，唯有汗水才能把它洗干净。

玩具

爸爸带小迷去朋友家做客。

大人们在谈哲学，爸爸担心女儿乏味，正想找点玩具给她玩。

哪知小迷在一旁正玩得津津有味呢：

一只分成四瓣的橘子皮变成了“太阳闪金光”，蝴蝶是香蕉皮做的，花生壳的小船里坐着碎纸捏成的游人，小船儿正在糖纸铺成的湖面上随波荡漾……

——欢乐是儿童最好的朋友，哪里有童心，哪里就会有无穷无尽的欢乐。

恨大灰狼

“小迷，你最喜欢什么动物？”

“聪明的小白兔。”

“最讨厌什么？”

“大灰狼。”

“为什么？”

“谁叫它装成外婆的样子来吓人。”

——丑披上美的外衣，便成了魔鬼；假戴上真的面具，比魔鬼还要邪恶。

我把爸爸弄丢了

有一天，小迷独自一人站在大街上哭。

“你为什么哭呀？”邻居阿姨问道。

“我把爸爸弄丢了！”小迷回答。

“叫你妈妈再找一个有钱的爸爸，你以后出来玩就可以坐小汽车。”邻居阿姨说。

“就不，我的爸爸没有崽崽会哭的。”小迷回答。

——*没有爱的心房就像没有蜜的蜂巢。*

报复

有一次，小迷被邻居小孩打了。她一边哭一边愤愤不平地对爸爸说：

“强强坏，以后你也别跟他玩好吗？”

过了一下，她又补充道：

“以后有好吃的东西也不给他吃了！”

——对于心灵来说，爱本身就是报偿，恨则是惩罚。

坏人

“爸爸，强强又打我了。”

“强强是坏人，以后别理他了！”

“要是他以后不打人了，还是不是坏人？”

——先有恶行后有恶人，这是三岁孩童都懂的道理，可惜我们成年人常常把它们之间的关系弄得颠三倒四！

生哥哥

“小迷，叫妈妈再生个小弟弟，好吗？”外婆问。

“不，我要妈妈生哥哥。有人打我，他可以帮我。”小迷回答。

正在一旁备课的妈妈听了，放下备课本对小迷说：

“我天天要上课，哪有时间帮你生哥哥？”

“那你就放暑假的时候再生吧！”

——独生子女虽然被剥夺了拥有兄弟姐妹的快乐，但谁也无法剥夺他们自由联想的快乐。

谜语

小迷猜了几则成人为儿童制作的谜语后，自己也编了一条谜语让爸爸妈妈猜：

“一个在家睡觉，一个出来玩，是天上的什么东西？”爸爸妈妈一时猜不出来。小迷看到爸爸妈妈被难住了，高兴得手舞足蹈地说：

“这都不知道，是太阳和月亮。”

——谜语脱离了童趣，就会变成一种精神折磨。

说假话

妈妈说“儿女不打不成器”，爸爸说“儿女越打越淘气”，他们为此争吵不休。小迷每次挨了妈妈的打，爸爸问她时，她总说妈妈没打她。

爸爸煮饭时爱看书，常常把饭烧焦，为了避免妈妈唠叨，只好将烧焦的饭倒掉重煮。每一次小迷都同爸爸一样守口如瓶。

——善恶其实没有固定的模式，人们是根据自己的直观来评定善恶的。

妈妈

有天晚上，小迷若有所思地对妈妈说：

“外婆生了你，你叫她妈妈；你生了我，我叫你妈妈；我长大了生了崽崽，我也当妈妈。妈妈嫁给爸爸，我做了妈妈也嫁给爸爸，到那时候你就要叫我妈妈。”

——这种幼稚可笑的逻辑同哲学上的烦琐论证何其相似呀！

副老师

有一次，小迷对兰兰说：

“你爸爸是校长，我妈妈以后要当副校长，我长大了要当老师。”

“我长大了也要当老师。”兰兰说。

“我当老师，你当副老师。”小迷说。

“老师就是老师，没有什么副老师。”妈妈在一旁听了，笑着纠正小迷道。

“有副校长，为什么不能有副老师？”小迷理直气壮地反驳起来。

——创造是儿童的天性，可惜我们成年人常常把创造力的丧失视为成熟。

打雷

一个雷声隆隆的夜晚，爸爸对正在哭闹的小迷说：

“小迷你听，雷公发脾气了。你再哭，他会从天上下来背走你。”

小迷止住了哭声，仔细听了听，说：

“那是天上的神仙在玩游戏，踏得楼板咚咚响。”

——用恐吓做教鞭十分愚蠢。好奇虽然盲目，却常常出乎意料地把我们带到目的地。

过生日

小迷生日那天，有生日蛋糕，有爸爸妈妈和小朋友的祝福，她十分开心。第二天，小迷又吵着要过生日。

“哪能天天过生日？你见过谁天天生崽崽？”妈妈说。

“母鸡就天天生崽崽。”小迷回答。

“每个蛋只出一次小鸡，所以一年只能过一次生日。”爸爸接着说。

“就能过两次，生蛋过一次，出小鸡过一次。”小迷不服气地顶撞道。

“但你不是蛋变的呀！” 爸爸说。

“那就帮别的小朋友过生日吧。”小迷只好改口道。

——充满爱的宴请永远不嫌多，缺少爱的请柬才是人人讨厌的红色罚款单。

丢钱

妈妈发现昨晚放在桌上的几毛钱不见了，便说：

“昨晚兰兰在这儿玩，会不会是她偷了？”

“我的好朋友才不会偷！”小迷一听立刻顶撞起妈妈来。

“那怎么会不见了呢？”

“肯定是老鼠借去做窝了！”

——不相信世界上有一个好人，是不可救药的第一步。

麻雀

爸爸捉到一只小麻雀，要蒸给小迷吃。

“我不吃，我要和它玩。”小迷说。

于是，爸爸用绳子系住小麻雀的脚让小迷牵着玩。这时，一只大麻雀不断从树上冲下来，想把小麻雀引回树上，小迷看到大麻雀焦急的样子，捧起小麻雀跑到爸爸身边说：

“爸爸，放了它吧，它的妈妈在等它回家。”

——我们的身体固然需要滋补，我们的心灵更加需要营养。

太阳和月亮

“爸爸，妈妈说太阳和月亮从前是好朋友，后来太阳骄傲自大，月亮不理它了，太阳一出，月亮就躲起来。根本不是这样的，对吗？”

“那你说是怎样的呢？”爸爸反问小迷道。

“太阳是爸爸，月亮是妈妈，太阳白天上班累了，晚上回家睡觉。月亮怕星星崽崽吵醒它，就带星星崽崽出来玩。”

——反复叨念人类的恶习，其实是在使其合法化。

坐公共汽车

爸爸抱着小迷好不容易才挤上一辆公共汽车，车厢里已经被挤得水泄不通。乘客个个汗流浃背，火气冲天。

这时，小迷一边护着怀里的布娃娃，一边焦急万分地对四周的大人大声嚷嚷：

“哎呀！你们挤着我的宝宝了！”

四周的大人见状，纷纷笑着为她让出一片空间来。

——是孩子们在维护世界的秩序，没有孩子的世界不知会乱成什么样子呢！

游戏

小迷爱坐在爸爸膝头上，让爸爸用胡子扎她，而她一边敏捷地躲闪，一边紧张快活地大声喊道："来呀！来呀！"她称这为"扎胡子的游戏"。

星期天，小迷让爸爸妈妈当学生，自己当老师，一遍遍重温幼儿园的生活。她称这为"上课的游戏"。

这些游戏给他们带来无穷无尽的欢乐。

——我们不能将人生变成一场欢喜，但却可以创造欢乐去填满它的每一个空隙。

猴子

有一次，小迷神秘兮兮地对兰兰说：

“你知道人是怎么来的吗？人是猴子变的！”

“动物园的猴子也会变成人吗？”兰兰好奇地问道。

“不会，那些猴子是不听话的小朋友变的。”

——从兽到人要进化百万年，从人到兽只在一念之间。

乐园

妈妈学校后面有一片树林。爸爸每次到学校，小迷总要带他去参观他们的乐园。她就像一只快乐的小鸟，一会儿蹦到这儿，一会儿窜到那儿，不厌其烦地向爸爸介绍：

“这些树根是我们的座位，这块大石头是我们的课桌，那个坑是做饭的地方，再过去那块坪是戏台……”

有一次，小迷还附在爸爸耳边悄悄地说：

“告诉你一个秘密，没有大人的时候，我们女孩子就叫男孩子‘相公’，他们男孩子就叫我们‘娘子’，你可千万不要告诉别的大人呀！”

——童心才是开启幸福乐园的金钥匙。谁丢失了它，苦恼便会与他如影随形。

吃苹果

一天早上，小迷还没起床就吵着要吃苹果。爸爸妈妈不肯拿，她就哇哇大哭。

“苹果睡觉还没醒呢。”妈妈哄小迷道。

“小的没醒，大的肯定醒了。”小迷边哭边说。

“你别哭，我去看看。”爸爸说。

过了一会儿，爸爸回来说：

“大苹果已经洗完脸了，但它不肯跟没有漱口洗脸的脏孩子玩。”

小迷一骨碌从床上爬起来，连忙漱口洗脸去了。

——丢失了童心的人，不配当孩子的老师。

橡皮泥

小迷初次玩橡皮泥时，看见别人都捏出了小动物，连忙将手中的橡皮泥按扁，平举在空中说：

“这是云。”

后来，她慢慢学会捏小动物了，但是如果有的捏得不像，你笑她，她便会回答你：

“这是妖怪。”

——如果把这些小伎俩用于政治，那就不再是机智，而成了狡诈。

登山

爸爸和小迷登上一座光秃秃的山头。爸爸有些倦怠，坐在石头上打盹。

过了一会儿，爸爸被小迷叫醒，眼前竟奇迹般地出现了一束鲜花。

爸爸问小迷鲜花是哪儿来的，小迷自豪地朝四周一指，爸爸这才发现原来山头上零零星星有一些极不显眼的小草，草叶间正开着星星点点黄豆般大的小花。

——*美无处不在，只要你怀着一颗童心去寻找，总会满载而归。*

他比我小

小迷被邻居家的小弟弟打哭了，妈妈禁不住嘲笑她道：

“真没有用！三岁的还怕两岁的。”

“就不怕！”小迷不服气地说。

“那他打你，你为什么不敢还手呢？”

“他比我小嘛！”

——*选择微不足道的敌人比选择微不足道的朋友要可怜得多。*

大灰狼

一天晚上，爸爸妈妈和小迷一道玩小白兔和大灰狼的游戏。

小迷自然不肯当大灰狼，她也不愿意让爸爸妈妈来扮演。

最后，小迷用一把椅子代替大灰狼，让爸爸躲在椅子后面当配音演员。

——*在儿童世界里，坏人是没有立锥之地的。*

吃青菜

爸爸妈妈为哄小迷吃青菜绞尽了脑汁，可仍然收效甚微。

有一天，家里来了位漂亮的大姐姐，妈妈发现小迷对客人那满头秀发羡慕不已，便说：

“她爱吃青菜，所以头发才长得这么漂亮。”

从那以后，小迷吃青菜再也不用劝了。

——美是人间最好的老师。

大象和小象

有一天，爸爸和客人在为“先有鸡还是先有蛋”争得不亦乐乎。

小迷在一旁独自摆弄着玩具，嘴里念念有词道：

“大象生小象，小象变大象。先有大象还是先有小象？”

——有些问题如果陷入了僵局，换一个角度来思维也许更能贴近问题的实质。

带娭毑

“娭毑，你额头上的疤是怎么来的？”小迷问。

“是两岁时跌跤跌的。”娭毑回答。

“我三岁了，你又不要我带。我带你你就不会跌跤了。”

——儿童的爱虽然有些稚嫩，但没有他们抚不平的伤痕。

骂妈妈

有一次，小迷看见妈妈和外婆吵嘴。过了不久，她发脾气时竟然骂起妈妈来。

“好哇，还这么小就敢骂妈妈了！”妈妈气恼地说。

“那要多大才可以骂妈妈呢？”小迷一本正经地问道。

——你不想让你的孩子沾染恶习的话，最好还是让他遵循那条“非礼勿视”的古训。

路中间

人行道比车行道高一个台阶。每次上街，小迷总爱靠人行道的边沿走，爸爸没办法，只好站到车行道上去保护她。

有一次，爸爸看到车很多，便说：

“小迷，走中间去。”

小迷却用手指着马路中间的车行道，质问爸爸：

“那里有汽车，怎么能去呀？”

——政客们常常用这种偷换概念的方式把人引入歧途。

雾

小迷第一次注意到雾时好奇地问爸爸：

“那些白的东西叫什么？”

“叫雾。”爸爸回答。

“它是白的为什么不叫雾？”小迷指着墙问。

“因为墙不会动。”

“云会动为什么不叫雾？”小迷指着天上的云问。

“因为云在天上。”

“烟没在天上为什么不叫雾？”小迷又指着烟问。

爸爸终于被问得张口结舌答不上了。

——“为什么”的提问永远比“是什么”的回答次数多，这是知识得以存在的根本原因。

你的手杖几岁了

“小迷，你多大了？”邻居爷爷问。

“快四岁了！”

“怎么还没我的手杖高？”

“你的手杖几岁了？”

“……”

——只有一种夸耀不会被世人耻笑，那就是父母夸耀自己的孩子。

野人

有一次，强强骂兰兰道：

“你是野人！有人偷了你妈妈！”

兰兰气得直哭。小迷听见后，愤愤不平地质问强强：

“你乱说！兰兰又不住在山上，怎么会是野人？”

——对真理的无知是可怜的，对丑恶的无知却是可爱的。

打赤脚

夏天，爸爸妈妈为小迷不肯穿鞋伤透了脑筋。妈妈打过她，爸爸为她买来漂亮的拖鞋，可是全都无济于事。

有一天，爸爸妈妈看着小迷光着脚丫在地板上欢腾雀跃的样子，也禁不住摔掉长年不离脚的鞋袜。顿时，一股清凉滋润的感觉从脚底油然而生……

——*其实，人类文明并非单单指创造，它还包括对已有东西的扬弃。*

不听话

有一次，小迷又听到爸爸妈妈异口同声说“要听话”，便顶撞起来：

“我听你们的话，你们听谁的话？”

“我们是大人了，会独立思考。”爸爸说。

后来，当爸爸问小迷长大想干什么时，小迷回答：

“当大人！”

“为什么想当大人？”爸爸问。

“大人可以不听话。”小迷回答。

——习惯服从的民族是可怕的，奢谈服从的民族是可悲的。

照镜子

一天早上，小迷对镜子着了迷。她举起镜子上上下下、左左右右、前前后后照个没完没了，一会儿对着镜子又蹦又唱，一会儿又哭又笑。末了，还睁眼闭眼地摆弄了很久。

“你这是在干什么呀？”爸爸问小迷。

“我想看清楚自己的样子。”小迷回答。

“那你看清楚了吗？”

“就是闭上眼睛以后的样子看不见。”

——无论人类怎么努力，总有一部分自我是他们永远也无法知晓的。

不用谢

爸爸妈妈常常告诫小迷在接受别人帮助时要说“谢谢”，当别人谢你时要说“不用谢”。

小迷过生日那天，舅舅买了糖果来看她。小迷接过糖果时马上说了声：

“谢谢舅舅！”

说完，小迷一个劲儿地在等舅舅的回答，看见舅舅没吭声就坐下了，于是大声训斥起来：

“舅舅，你没礼貌，别人说谢谢，你要说‘不用谢’！”

——强迫人人遵从的礼节，已不再是礼貌，而成了礼治。

我从哪儿来

一天晚上，小迷看到爸爸妈妈的蜜月影集，气恼地说：

“好哇！你们两个人出去玩，不带我去！”

“照相时还没有你。”妈妈说。

“我到哪儿去了？”小迷问。

“你是我们回家的路上捡到的。”妈妈回答。

小迷一听，伤心得哭了起来。爸爸连忙安慰她：

“妈妈乱说，那时你在妈妈肚子里还没生出来！”

谁知小迷听了，依然愁眉不展，她忐忑不安地问爸爸：

“我在妈妈肚子里，那我就不是你的崽崽了？”

“是我找到你的，那时你只有花粉大。后来，我让妈妈将你吞进肚子里去。”爸爸回答。

小迷听完爸爸的话，随即便问妈妈：

“妈妈，我是从哪儿出来的？”

“咯吱窝。”妈妈说。

小迷仔细看了看妈妈的胳肢窝，说：

“你骗我，这儿没有洞。”

妈妈立刻改口道：

“是打喷嚏时打出来的。”

"你又骗我！鼻孔那么小，我怎么出得来？"小迷说。

"你刚出来时很小，只有珍珠那么大。"爸爸立刻接口道。

听完爸爸的话，小迷这才高兴了起来。

——我们都为自己的出处苦恼过，但最终都轻信了别人的解释。

打人

"爸爸，你小时候娭毑打过你吗？"

"没有，我们不听话她就哭。"

"妈妈，你不听话时外婆怎么对你？"

"不听话当然挨打，还不给饭吃！"

"怪不得妈妈打人，爸爸不打人！"

——仁爱与暴力都是凭它们自身的力量进行传播的。

穿棉袄

夏天，小迷看见妈妈在晒自己的小花棉袄，一个劲儿嚷着要穿。

“棉袄是冬天穿的，夏天不能穿！”妈妈说。

“为什么冬天才能穿？”小迷问。

“因为冬天穿上棉袄暖和。”

“那我现在没穿棉袄不暖和。”

——逻辑是一种习惯的思维方式，诡辩则是对它的挑战。没有这种挑战，逻辑永远也无法长大。

怕鬼

停电了，小迷一溜烟扑进爸爸怀里，悄悄地说：

“爸爸，我怕鬼！”

“小迷，别怕！世界上没有鬼。”爸爸安慰她道。

“隔壁的外婆说有鬼。”

“她是看花了眼。”爸爸指了指椅子说，“要是你把椅子看成老虎，它会咬你吗？”

“要是我把老虎当成椅子坐，那就不得了！”

——有些东西世界上的确没有，但却比存在的东西更强大更可怕。政治与宗教便常常编造一些这样的东西。

老鼠生病了吗

爸爸将老鼠药放到墙角时，再三嘱咐小迷：

“这是有毒的老鼠药，你千万别碰它！”

“老鼠生病了吗？”小迷关切地问。

“它总爱偷东西吃，所以要教训教训它！”

“你每天喂它，它就不会偷东西了！”

——如果制定政策的人也有这样的童心，无须严打，偷盗也会大大减少。

竹靠椅

家里的竹靠椅坏了，爸爸要扔掉，小迷说她要留着玩。她让爸爸将靠背中间的竹片弄掉，顿时，那张破旧的竹靠椅就成了一个可以钻来钻去的健身器械，她还威风凛凛地驾驶着它同爸爸打起了坦克战呢！

——世界上本没有什么无用之物，所谓废物，不过是人类相对此时此刻的现状而言的。

小狗汪汪

家里养了一条可爱的小狗，小迷给它取名叫汪汪。有一天，邻居阿姨问小迷：

“你家里有几个人？”

小迷算了算，回答道：

“四个。”

“哪四个？”

“爸爸、妈妈、我和汪汪。”

“汪汪不会说话，怎么也算人？”

“你刚生的小宝宝还不是不会说话！”

“……”

——面对世间万物，儿童永远以爱为原则，成人则用利益来衡量。

处罚

有一次，爸爸宣布了一条新的处罚规则：凡吃饭时玩的东西都从四楼窗口扔掉。

第二天，爸爸果真扔掉了小迷吃饭时玩的塑料狗。

可是，打那以后小迷吃饭时不再玩自己的东西，却改为玩爸爸的钢笔、钥匙串、椅子和自己的手指头，把爸爸的处罚规则变成了一纸空文。

——不为受罚者认同的处罚，有时反倒会成为一种诱因。尤其是对那些正处于叛逆期的儿童，这种处罚会大大激发他们犯规的欲望。

吵架

有一天，爸爸妈妈为一点小事吵得不可开交。忽然，小迷拉开门大声宣告：

“你们再吵我就走了！”

“你到哪里去？”爸爸妈妈不约而同地问道。

“我到北京去找熊猫盼盼，它是我的好朋友，它从不吵架。”小迷回答。

——成人的分歧固然难以避免，但是用孩子都讨厌的方式来解决实在愚蠢透顶。

敌人

小迷看电影时总爱问“哪个是敌人？”。不过，慢慢地她自己也会分辨了。

有一天，小迷突然问妈妈：

“为什么总要有敌人？”

“没有敌人不成戏。”

“动画片《猫和老鼠》里面就没有敌人！”

“那猫为什么追老鼠？”

“它们是在玩游戏。”

——人类最大的敌人不是别的，正是“敌人”本身。

打小偷

大街上，有人在打小偷。

“他们为什么打他？”小迷问妈妈。

“因为他是坏人。”妈妈回答。

“他为什么是坏人？”

“因为他偷东西。”

“他为什么偷东西？”

“因为他思想品质不好。”

“他为什么思想品质不好？”

“因为他是坏人。”

——很多看似合理的解释，多问几个为什么，其荒谬性便昭然若揭。

下雪天

一个大雪纷飞的黄昏，小迷看见几个乞丐龟缩在繁华热闹的街道旁瑟瑟发抖，便问爸爸：

“他们为什么不回家？”

“他们没有家。”爸爸说。

“他们为什么没有家？”小迷又问。

爸爸沉默了。小迷看到爸爸没有回答，接着说：

“我家客厅还能住，兰兰、强强家也能住！爸爸，我们把他们接到我们家里去住，好吗？”

——一个人的价值不在于是否有人爱他，而在于他是否爱别人。

画菜

一天傍晚，本该买菜回家的爸爸却提了一篮子书回家。妈妈一见火冒三丈，唠唠叨叨就念开了。

小迷正在画画，她见状连忙将自己画好的鱼呀、蛋呀、萝卜呀捧着递给妈妈，一边还大大咧咧地说：

“没关系，今天晚饭就煮它们吃，不够我再去画！”

临走时，小迷特意将画着蛋的那张纸放到最上面，并再三叮嘱妈妈：

“这是蛋，别压坏了！”

小迷的话一下子将正在气头上的妈妈逗乐了。

——只要有童心，画饼也能充饥！

乖猫咪咪

“妈妈，你再打我，我就不叫你妈妈了！”

“那你叫我什么？”

“像爸爸一样叫你的名字。”

“你要不听话怎么办？”

“叫我乖猫咪咪，我就听话。”

从此，小迷便有了一个小名——“咪咪”。

——“祖国”让人敬爱，“国家”让人敬畏，概念的奇特吊诡莫过于此。

长不高

小迷看到墙角边有棵向日葵又矮又小，于是便问妈妈是什么原因。妈妈说：

“它晒不到太阳，又淋不到雨水，所以长不高。”

后来，妈妈埋怨小迷吃得少长不高时，小迷回答：

“出太阳时你要我戴帽子，下雨天你给我打伞，我怎么长得高呀？”

——*我们总爱埋怨人生的酒太苦太涩，却忘了自己就是那酿酒人。*

换爸爸

爸爸和小迷玩球正玩得开心的时候，忽然看见婷婷在一旁可怜巴巴地望着。于是，爸爸停下来对小迷说：

“婷婷没有爸爸了，我们把球给她玩好吗？”

“她想要爸爸，又不是想要球。”小迷说。

“那你和球玩，我去陪她玩。”爸爸一边说一边走过去抱起婷婷。小迷见状，连忙抱着球跑过来，用球换回了爸爸。

——仁慈虽然是无价的，有时也能用物质来衡量，但前提是你必须有颗仁慈的心。

一二四

妈妈打小迷前总要数一二三，数到三再不听话就打。后来，每逢玩游戏要数一二三时，小迷就要爸爸改成数一二四。

“为什么不能说三？”爸爸问。

“三是打人的数字。”小迷说。

“我们不说，别人还不是照样说！”爸爸说。

“那我们就把书上的‘三’字全都擦掉！”小迷回答。

——独裁者篡改历史的做法其实比这还幼稚可笑，奇怪的是，居然会有那么多成年人深信不疑！

甜麦圈

小迷拿起甜麦圈的盒子让爸爸教她认上面的字。碰到英文时，爸爸说他不认识。

“我认识，上面写着：‘这是给我吃的，别人不能吃。’”小迷说。

爸爸拿过盒子也照样念了一遍，便不肯给小迷了，还说：

“上面写着给我吃的嘛！”

小迷想了想，说：“下面还有字，刚才我没念完。”

于是，小迷从爸爸手中夺过盒子接着念道：

“甜麦圈是给小朋友吃的，大人不能吃！”

——我们都是根据各自的需要去解释前人的论著的，不管何种主义都是当代人篡改前人的论述后形成的。

懂哲学

爸爸喜欢哲学，妈妈说哲学是无聊教授混饭吃的玩艺儿。她的唠叨常常气得爸爸吃不下饭。小迷有一天教训他们道：

“妈妈不懂哲学，所以总爱念；爸爸不懂哲学，所以总喜欢生气。我很小就懂哲学了。”

——和谐乃家庭的最高境界，但和谐并非是同一个性的无限扩张，而是不同个性的自由共存。

月季花

有一天，妈妈没留神将小迷心爱的月季花弄断了。小迷看见后，嚎啕大哭起来。

“我去买一棵更好的赔给你。”妈妈说。

“我不要！我不要！它不是这一棵！”小迷边哭边嚷。

“你别哭，我们把它插到土里，它还能活过来。”爸爸说。

“是不是和原来的一模一样？”小迷问。

“是一模一样。”爸爸回答。

小迷听完爸爸的话，这才破涕为笑。

——我们能爱很多的人和物，但每一次的爱都是独一无二、不能重复、无法替代的。

罚她讲故事

小迷很少在爸爸面前告妈妈的状。有一次，爸爸刚进门，她就眼泪汪汪地对爸爸说：

“妈妈打我。”

“她为什么打你？”爸爸问。

“我不知道。”小迷说。

爸爸一听就要去打妈妈，小迷立刻焦急地叫了起来：

“不要打妈妈！不要打妈妈！”

“那怎么罚她呢？”爸爸问。

“罚她讲一百个故事！”小迷说。

——肉体的惩罚其实是在给恶行交税，结果只会让恶行泛滥成灾。

怎么样

“小迷，去洗手吃饭！”

“不洗手怎么样？”

“会生病。”

“生病又怎么样？”

“就要打针。”

“不打针又怎么样？”

“就会死。”

“死了又怎么样？”

“就没有了。”

“没有了又怎么样？”

“不怎么样。”

“不怎么样又怎么样？”

“……”

——人生的终极问题是生存的意义，而终极问题的解答却依据人的自由界定。

吃鸡蛋

小迷原来很爱吃鸡蛋，自从家里的母鸡孵出小鸡后，便不肯吃鸡蛋了，她还说：

“要是它在我肚子里变成小鸡，它怎么出来？”

“煮熟的鸡蛋变不出小鸡了。”妈妈说。

妈妈这么一说，小迷更不肯吃了，她不但不吃，还不让妈妈煮鸡蛋。妈妈只好骗她说：

“不是所有的蛋都能变成小鸡，我煮的是不能变小鸡的寡蛋。”

小迷这才重新开始吃鸡蛋，不过每次妈妈煮鸡蛋前，小迷总要再三叮嘱妈妈：

“你要看清楚，别把能变小鸡的蛋煮掉了！”

——万物皆可估价，仁慈无价可估。

最爱你

爸爸问小迷最爱谁，她说最爱爸爸。妈妈问她时，她说最爱妈妈。爸爸妈妈一块儿问她，她回答：

“最爱爸爸妈妈。”

爸爸妈妈只准她说一个人，她想了想，左手指着爸爸，右手指着妈妈，闭上眼睛大声喊道：

“最爱你！”

——金钱用一分少一分，阳光照耀的东西越多越明媚。爱便是阳光。

第二辑 童言无忌

第三者

我和妻初识时，诗是我们的红娘，她读着我那些热烈而俏皮的情诗，颇有几分欣赏和得意。谁知婚后，诗却成了令妻深恶痛绝的第三者。

其实，妻原本是爱诗的，她是忍受不了我对诗的痴情。如果我能以诗为敲门砖，跻身编辑之列，或者不断换取稿酬消除家庭的财政赤字，我们本可以相安无事，我却偏以此为耻，居然把吟诗作赋当成一种嗜好。自从我的处女作被编辑“润色”见报后，我再也不敢问津了，因为我宁愿任其默默无闻，也不愿见其被肢解。这下好了，诗成了家中的白食客，难怪妻要大发雷霆，发誓将其赶出家门。

我也弄不清我对诗是何种情愫。若是假意，在妻与我对簿公堂时我仍不肯割爱，不是妻的宽容，我早像妻预言的那样：带着诗流浪街头了；若说是真情，我清高而偏执，毫不珍惜让其扬名的机会。我的诗如同我的身影，不论喜怒哀乐总伴随着我，除了知心好友，我从不轻易示人。莫非这是自卑？记得教三岁女儿小迷学柳宗元的《江雪》时，她捂住“柳” 字对正在厨房干活的妻喊道：“妈妈，这是爸爸的诗！”等妻跑来看时，小迷才松开手说：“只差一个字。”也许就差那么一点点，我将终身默默无闻，但我并不因此懊丧，依旧对诗一往情深。有谁说得清呢？或者这正是自信？孔子说：“知之者不如好之者，好之者不如乐之者。”莫非我竟达到了以诗为乐的境界？不过我承认，有时我仍不免感到惶惑：我是否像个不停地在沙滩上垒筑无人居住的大厦的顽童？

不管怎样，诗毕竟在我和妻的唇枪舌剑中生存下来。小迷五岁那天，她忽然大声宣告：“爸爸妈妈，我要写诗了，快帮我记下来！”于是，我们惊喜地记下了她生平第一首诗：

太阳出来了
太阳公公在天上
太阳光照进水里
太阳公公在水里

太阳下山了

月亮来接班

小迷的诗像一声悦耳的鸽哨，刹时结束了我和妻的冷战。妻对她的期望值很高，我却不敢奢望，“龙生龙，凤生凤”嘛。我庆幸的是我们的家终于有了和睦安宁和超凡脱俗的欢乐。

从那以后，我同诗友相聚时再不用提防妻的冷弹了，妻在干家务时，也不再来打断我和女儿的游戏了，而且她也常常抽空来扮演分给她的寓言角色……诗终于大大方方介入了我们的生活，成了家中不可或缺的一员。笑声终于取代了争吵，欢乐终于取代了无聊。更令我欣慰的是，我到底找到了自我的价值：在我们古老的诗的国度，像我这种以诗为乐的无名诗人平凡得如同泥土，然而未来的天才诗人不正需要这样的泥土吗？

家庭中没有一个精神的第三者，那样的生活不太枯燥乏味了吗？

中秋赏月

中秋节的晚上，有几位年轻朋友来我家做客，我提议到我家屋后的山顶去赏月，妻马上质问："有必要吗？"她反对的理由很充分：小迷明天要上学；在阳台上既能赏月又能观看电视里的中秋晚会；而且要去的地方是无人问津的荒坡，途中还得绕过几座荒坟；哪如在家中——渴了有热茶，饿了还有水果月饼。但是我的提议得到了小迷的坚决拥护，她大大咧咧地说："妈妈怕老虎，让她一人守屋。我有武功，我跟爸爸去！"年轻人自然双手赞成，妻也只好少数服从多数了。于是，年轻人背上吉它，我带着洞箫，妻挎一篮水果点心，最神气的要数五岁的小迷，她胸挂望远镜、腰别小手枪、脚跨爸爸的双肩，俨然这支夜战部队的指挥官。

野外赏月的乐趣只可意会不可言传，无须我多费唇舌。总之，赏月归来已经是凌晨一点。到家后小迷依然很兴奋，临睡前还梦呓般吟出一首诗来：

晚上
月亮和我捉迷藏
她叫我闭上眼睛
等我睁开眼睛

她已经躲进云里
我用手拨开云
终于找到她了

妻也容光焕发，多年来工作家务、生儿育女的辛劳和倦怠全一扫而空，浑身上下洋溢着迷人的少女的光彩。或者是她在山头唱的那首情歌还在心头萦绕？或许是她的心已驰回那差点忘却了的少女时代……我当然也不例外，为了能早点入睡，我竟拿起佛门弟子僧肇的《物不迁论》读了起来。

每干一件事，我们总爱问："有必要吗？"肉体的需求当然无须多虑，缺乏的痛苦就是最好的回答，精神的需求可就颇费周折了，于是这一难题成了斯芬克斯之谜，阻隔了肉体向精神的飞渡，使我们沦落成肉体享乐者和生活的旁观者。生活在于参与，对精神的追求我们不妨大胆去尝试、去创造，为了未来、为了孩子……

搬家

我们原来住在楼下，隔壁是位邋遢而又不讲理的倔老太婆。有一次，小迷刚出门就踩响了倔老太婆孙儿埋下的地雷，弄得屎臭喧天。妻刚说了一句，倔老太婆就回敬了十句，结果两人大吵一场，落了个“咳嗽声相闻，老死不相往来”的下场。

于是我想到了换房，正好住顶楼那家想搬下来，我便同妻商量，妻却一口气罗列出住顶楼的坏处：每天要多爬二百四十级台阶（还没算倒垃圾、购物、玩耍的级数）、自行车天天要背上楼、楼顶漏雨、煤球得一个一个往上提。末了，她反问我：

“你说住顶楼有什么好处？”

我一下愣住了，竟说不出半点住楼上的好处，唯一的理由就是躲开倔老太婆，但妻却越斗越勇，紧紧逼问我道：

“要是楼上的邻居也像她一样，你还能往哪儿搬？！”

我傻眼了，尽管心里不服，却又无力反驳，幸亏正在一旁画画的小迷开了腔：

“住顶楼就有好处，我吹的肥皂泡可以飞好远好远。”

“还有呢？”妻瞥了我一眼，揶揄地问小迷道。

“还有……手可摘星辰！”

妻得意地笑了起来。不过妻尽管是胜利者，可我毕竟还是一家之主，况且还有个“小皇帝”在撑腰，家到底还是搬了。

搬家后，小迷可谓如虎添翼，她一有闲暇就跑到阳台上去看云、数星星。每次出现彩虹，她兴奋得像只小喜鹊，叽叽喳喳非把我和妻叫出阳台不可。有一天，小迷又吟出了一首新作：

彩虹是天的衣服
每次洗完澡
天就穿上它
像一只美丽的花蝴蝶

妻的变化也不小，以前她怕看倔老太婆的嘴脸，成天闷在家里。现在离地远了，离天近了，她也常常站在阳台上朝远方眺望，她的心情随着时间的推移变得越来越愉快开朗，一边干活一边还要哼上几首流行歌曲。特别令我欣慰的是，她居然同楼下那位曾发誓永不搭理的“原始人”言归于好了。

我们的肉体尚且渴望纤尘不染的境地，我们的灵魂更不例外。如果我们不时让自己的灵魂到彩虹的故乡去做做客，一定会其乐无穷。

阳台

不知什么时候起，社会上刮起一阵装修阳台的风。起先是住房拥挤的人家迫于无奈，将阳台改装成卧室。也有些暴发户为防小偷而用铁栅栏包裹起来的。久而久之，竟蔚然成风。你用木框，我便用铝合金；你用铁条，我便用不锈钢。有的还在上面雕龙画凤，刻“富”镶“贵”。一时间大有不装阳台不成家的态势。这股风，自然打破了我们家的平静。

星期天，妻郑重其事地将我和小迷叫到阳台上，指着左邻右舍装饰一新的阳台，提出了装修阳台的建议。在她眼里，空荡荡的阳台就像个光着上身的穷汉，使她在邻居面前抬不起头来。而在我看来，拥挤的都市、繁忙的工作使我们几乎要同大自然断绝外交关系了，阳台成了我们同大自然的唯一联系，使我们可以忙里偷闲，不时透过这一窗口眺望远山的壮美，窥探天外的消息。妻见我反对，立马变成一只好斗的公鸡：

“装好阳台，并不妨碍你坐井观天呀！”

我还没来得及答腔，小迷可着急了：

“装阳台就是不好，天都被割成一块一块的了，要是有彩虹，我还要跑到外面才看得清楚。”

妻没有反驳女儿，不知是对那些童稚之言懒于反驳呢，还是要节省炮弹专门对付我。我以为在空荡荡的阳台上凝神眺望才显得自然大方，隔着铁栅栏就难免有窥探他人隐私之嫌了。不过我懒得开口，既然女儿和我同一条战线，她的胜利自然就是我的胜利。

自从装修阳台的提案被否决，妻一直闷闷不乐，仿佛我们骤然降为下等公民。我和小迷想尽办法，也无法使她快乐起来。

国庆那天，市政府要在东风广场燃放烟火，我们坐在阳台上正好饱览这一盛况。这天晚上，我们早早吃完饭在阳台上等候。烟火开始燃放后，我家的房门忽然被频频敲响，原来邻居的孩子们都讨厌封闭的阳台，纷纷聚集到我家阳台上来了。这一晚，我家的笑声与欢乐比广场上燃放的烟火还要绚烂多彩。

第二天，妻倏然容光焕发了。以前她总怕别人问我家的住所，现在每逢有人问起，她除了将楼房的方位介绍外，还要自豪地加上一句：“阳台上有月季花的就是我家！”

小别

妻打过一个绝妙的比喻，她把自己比作囚徒，把小迷比作看守。为了女儿，妻的确忙得像只团团转的陀螺，而且一转就是五年。

这几天，妻的情绪很不好，唠叨起来没完没了。先从我不谙世事念起，继而说她干的家务多，买的衣服少，念着念着就离了谱，说她嫁给我是犯了原则错误，不是吃错了药，就是前世得罪了和尚……念得我眼冒金花，脑袋都快炸了。那时正值暑假，我赌气对她说：

“就释放你半个月，你爱上哪儿上哪儿，女儿让我带。”

她一听高兴得蹦了起来，真像个重获自由的囚徒。她有位表姐在杭州，曾三番五次邀她去玩，这下终于如愿以偿了。

妻一走，我顿时长长地松了口气，就像孙大圣离开老念紧箍咒的唐三藏，只觉得身轻如燕，仿佛一纵身就能飞上月球。同妻的唠叨相比，小迷的嬉笑就像催人心花怒放的春风，而妻的唠叨则无异于三座大山。然而，这种状态只持续了几天，渐渐地我变得空虚起来。妻不在家，我们的家仿佛成了一艘没有船长的航船。慢慢地空虚又转为沉重，我忽然觉得妻的唠叨同女儿的嬉笑一样具有迷人的魅力……

十天后，妻春风满面地回来了。我打开提袋想看看她新购的女式服饰，那可是早列入了财政预算的。谁知我拿出来的却是一套价格昂贵的男式西服和一条华丽的童式连衣裙，属于她的不过是一件廉价衬衣。我不觉眼圈一红，差点当着她的面掉下泪来。原来离别并不是心与心的障碍，有时候彼此靠得太近了，反而不能发现美，分离反而能像味精一样使家庭生活更甜美。

现在我的耳边又时常响起妻的唠叨声，不过我已不再觉得刺耳，不知是她的唠叨掺入了西湖的柔波，还是我久经考验练成了金刚不坏身？总之，她的唠叨仿佛成了石英钟报时的乐音，又仿佛是精明的船长向笨拙的水手发出的指令，不过那些指令有些啰唆罢了。

元旦

很久就想去万华岩了。元旦这天，我们早早赶去乘车。由于一时疏忽，我们竟乘错了车。等售票员问起时才发现，没办法只好乘至终点再返回了。到终点时小迷偏偏要小便，下车后一时间又找不到厕所。公路下方二十米远有座村庄，但有几条大黄狗狺狺地吠着，女儿不敢前去。公路上方是片乱石岗，我和妻只好带小迷去那儿。谁知这下却耽误了乘车，眼睁睁看着客车拖着长长的尾巴呼啸而过，妻垂头丧气地说：

“这下好了，客车三小时一趟，这个元旦真变圆蛋了！”

“妈妈，什么圆蛋呀？”小迷好奇地问。

“圆蛋就是零，今天算白过了。”妻没好气地数落小迷道，“都怪你，什么地方不能撒尿，偏要上这儿来！”看到小迷眼泪汪汪的样子，我灵机一动，说：

“反正吃的喝的都有，我们就在这儿过元旦！”

“什么？你疯了！这儿还是史前时代呢！”妻火气十足地说道。

这儿的确是片罕有人迹的不毛之地，但小迷却并不扫兴，她早已爬到一块大石头上坐着了，还一个劲儿地嚷：

“爸爸妈妈，快来呀！这是我们的长沙发。”

那块石头还真像一张长沙发呢，有靠背，有扶手，仿佛上天在几百万年前特意为我们准备的。妻渐渐安静下来，将带来的饮料和点心小心地一一摆放在“石沙发”上。这时，小迷又跨上了另一块石头，一边用手拍着石头，一边高声叫着：“小马快跑呀，爸爸追上来了！”她的兴致那么高，把妻的懊丧一下子驱赶得无影无踪。

随着小迷一声高似一声的惊呼，我们渐渐发现了身边世界的无穷奥秘，什么“小白兔”“大象”“电冰箱”“宇宙飞船”……这儿应有尽有，好一片名副其实的“万华岩”！特别令人兴奋的是，小迷居然还从石缝间采到一束黄豆般大小的鲜花，妻小心翼翼地为她编了一顶花冠，把她打扮得像个公主似的，为我们的节日增添了无穷的乐趣。

眼前是古老苍凉的乱石堆，耳畔传来女儿妻子欢快的嬉闹声，我恍惚体验到人类诞生之初那种难以言述的激动和惊喜。人世的纷争、家庭的窘困、夫妻间的龃龉，全都恍若隔世，洋溢在身边的只有亚当、夏娃和他们初生女儿纯真的亲情。

乘车的疏忽居然为我们带来一个终生难忘的愉快的节日，原因很简单：困境只是对丧失了生活热情与勇气的人而言，一个热爱生活的人，无论面临怎样的逆境都能化险为夷、化苦为乐。美无处不在，只要你去爱、去寻找，总会满载而归。

这一天，直到日薄西山，我们才乘最后一班客车依依不舍地离去。

家庭日记

结婚以后，妻找来一本账簿，将家中的收支一一分类入账。我以为记家庭经济账既费时又枯燥乏味，同时还会染上市侩气，便给她取了个“烦琐会计”的绰号，并极力阻止她这一伟大壮举。谁知她根本不理睬我的讥讽，反而越记越起劲。想不到几个月后，我也对记账产生了兴趣。且不提它的经济效益（我这人天生罗曼蒂克），单是每次月底结算就够我再三品味了。那一刻我和妻喁喁私语，亲密得活像一对油盐坛子。特别是随着妻的肚子一天天大起来，什么胎教磁带、产前检查、婴儿衣服……每一笔开销都成了萦系两颗心的纽带。

女儿降临的那一天，我忽生奇想，买来一本精致的日记本，郑重地对妻说要把家中大大小小的事都如实记下来。这回轮到妻嘲笑我了，她除了回敬我“烦琐书记”外，还扬言要“火烧赤壁”，她认为有些事最好忘记，如果一一记录在案，难免会有家丑外扬的一天。弄得我只好同她展开游击战，藏藏写写，写写藏藏。

到小迷上学前班时，家庭日记已洋洋洒洒写下十几万字。首先是小迷对家庭日记产生了极大兴趣，一有闲暇，她总缠着我把家庭日记找出来读上几段，听到她婴儿时期的那些滑稽事，乐得就像个不倒翁。渐渐地妻也对家庭日记刮目相看了，因为结果大大出乎她的意料，即使是过去那些难堪的争吵，也成了今天欢乐的源泉。尤其是女儿那些充满稚气的言行，既引来一次次捧腹大笑，又令我们幡然醒悟。社会需要真实，家庭也不例外。真实是善与美的基石，没有真实，就不会有善与美。

日久月长，妻慢慢成了家庭日记的坚定支持者，对自己兼为作者、主角、读者三位一体的身份，她觉得既新鲜又有趣。因此每逢我不在家时，她便当仁不让成了秉笔直书的铁面史官，而且写起来居然比我更大胆更真实，那架势恨不得把整颗心灵赤裸裸地铺展在日记中。小迷也为我们的热情所感染，每次看到我们书写日记，她总在一旁摩拳擦掌、跃跃欲试：

“等我上一年级，就由我来写！”

毛呢大衣

结婚时，我倾尽全力为妻精心挑选了一件毛呢大衣，这便是妻唯一的奢侈品了。谁曾料到，这件毛呢大衣竟给我们带来数不尽、道不完的烦恼。

那时候妻在乡下中学任教，她第一天穿上毛呢大衣，便遭来许多非议。我原以为乡下人孤陋寡闻，并没在意。可后来穿到城里，仍然是人见人贬。有说式样不佳的，有说颜色不配的，竟无一人是我的“革命同志”。我很纳闷，不知究竟是众人的审美能力低，还是我自己的审美感出了毛病？妻一气之下把这件倒霉的毛呢大衣打入冷宫，再也不去光顾了。

以后，每逢夏天晒毛呢大衣时，妻总唠叨个没完，仿佛我就是这件毛呢大衣的设计师似的。有一天，妻提议将毛呢大衣廉价处理，连买主都已找好。我一来见妻穿上它端庄大方，增色不少；二来它是我们蜜月的见证，便断然否决了妻的提案。结果弄得剑拔弩张，形势万分危急。幸亏这时小迷加入了我的阵营，她大大咧咧地下了一道“圣旨”：

“妈妈不要就给我，等我长大了穿！”

过了两年，妻从乡下中学“高升”到城里小学任教。有一天，她偶尔翻出这件几乎被遗忘了毛呢大衣，在我的怂恿下，穿上它忐忑不安地去了学校。谁知这一穿竟穿出奇迹来：无论谁见了都夸这件毛呢大衣，就连那些曾诽谤过它的人也仿佛得了健忘症似的，什么“式样好”“颜色鲜”“穿上它年轻十岁”等溢美之词不绝于耳。我也弄不清其中的奥妙，不知道是妻身份的改变还是人们审美趣味的改变所致。不过我毕竟感到十分欣慰：美的终究是美的，不管是否有人欣赏。美就像花朵，美感则是采花的蜂和蝶。

正当妻一面欣赏镜中被毛呢大衣映衬的丰姿，一面为毛呢大衣的走红欣然自得时，冷不防小迷在一旁抗议了：

“妈妈羞，妈妈穿我的衣服！”

妻既然已经答应将毛呢大衣留给小迷，这时只好忍受女儿的奚落了。后来，妻替小迷也买了一件漂亮的毛呢大衣，才从这种难堪的境地中摆脱出来。

写信

妻为我爱写信的毛病不知唠叨过多少次，看到我为那些同住一城常常见面的朋友糟蹋纸张，她尤为反感。邮票涨价后，她算了一笔账：每月十封，一年就得花二十四元。因此她加强了语言攻击，摆出一副不阻止我写信誓不罢休的架势。

有一次妻外出参观，行程三天，由我在家照看女儿。小迷第一次同妻分开，整天念着妈妈，念得我的鼻子直发酸。第三天晚上，小迷拿着铅笔直发呆，我问她想做什么，她说："我想写封信给妈妈。"

"那你就写吧，不会写的字我教你。"我说。

小迷刚进学前班，只会写"人口手"，这封信她足足写了一个半小时。

妻深夜才到家，我想把女儿的信给她看，但没找到，不知小迷藏哪儿去了。第二天早上，小迷一见到妻，就忙着翻口袋找东西，我以为她在找信，但她翻出来的竟是半块揉碎了的巧克力，那还是第一天上学时我买给她的。后来，她背着妻偷偷把那封信塞在我手里，悄悄地对我说："你把信寄给妈妈。"

几天后的一个黄昏，妻回家时显得格外兴奋，仿佛那轮火红的夕阳落入她沸腾的心海，她双颊绯红，眼中闪烁着一种奇异的光彩。她愉快而利索地干完家务活，哄着小迷入了睡，这才慢悠悠地从口袋里掏出一封信来。我一看就明白了，妻还蒙在鼓里呢。那信还原封未拆，但显然已抚弄过多少次了。妻小心翼翼地拆着那封神秘的信，仿佛信中藏着一个稚嫩而甜美的希望。信终于展开了——

乖妈妈：

昨晚我做梦看见了您，您也一定看见了我吧。您快回来呀，我好想您！我还留了半块巧克力给您。我一定听您的话，做个乖崽崽。您也别和爸爸吵架了，做个乖妈妈，好吗？

您的乖崽崽

妻的双眼立刻涌满了幸福的泪花，她看了一遍又一遍，总是看不够，如果不是明天还要去上课，她一定会通宵达旦地读下去……

人与人之间如果没有爱的纽带，单纯剩下物质的联系，人便回到动物时代了。文字的首要功能是传播爱，没有爱，就没有人类历史。

从那天起，妻不再对我写信的事唠叨了。渐渐地她也开始同自己的亲人和朋友通起信来，有时为了一句问候的话，她竟然不惜花上双倍的钱买张漂亮的明信片呢！

组合柜

组合柜流行的那一阵，妻和邻家主妇相约一同购买。妻带我去看的组合柜气派十足，像个浑身贴金的骑士雄居于所有家具之上。柜的中间部分有音乐报时的石英钟，钟的四周全是摆放工艺品的框框，两边各有一个大衣柜。我说不出它的弱点，只是本能地反感，一是体积庞大，足足要占据客厅五分之一的空间；二是价格昂贵，几乎得花十个月的工资。看了不到三分钟，我就在心里投了反对票，但我不便声张，以免引发星球大战，没有小迷在身边，我自知绝非妻的对手。因此当妻问我时，我只好勉强应允，约定明天来购买。

晚饭后，我别有用心地对小迷说：

“明天你妈叫我去买组合柜，买来后靠东边墙放，电冰箱移到南边，小饭桌移到靠北的窗前，长沙发摆西边不动。以后你玩皮球、转呼拉圈、做游戏都要到外面去，屋里地方小了，碰坏了东西妈妈会骂人。”

“那我下雨天到哪里玩？”小迷质问我道。

“下雨天就待在家里别动！”我回答。

“我不，我就要在客厅里玩！”小迷立刻大声抗议道，“妈妈要买组合柜，就摆到她睡觉的房里去！”

妻一听犯了愁，组合柜不放客厅，那又何必买？况且卧室里还有大衣柜和梳妆台呢。看到妻耐心地在同女儿白费口舌，我心里暗自发笑。圆桌会议最终毫无结果，买组合柜的事也就搁置起来了。

过了几天，邻家买来了组合柜，同时还买了一张大理石茶几，立刻把一个好端端的客厅挤得水泄不通。从那天起，他家的小孩就成了我家的常客，他家已经没有小孩的玩耍之地了。

物本是人的奴隶，但这种关系常常颠倒。一个家庭如果被物化了，灵魂就失去了生存的空间，人，也就成了空空的躯壳。

又过了两个月，妻喜形于色地对我说："组合柜降了一千块，我们是不是也买一套？"我以再等等为由搪塞过去。

再过了几天，妻忽然告诉我邻家的组合柜转卖给别人了，只收了五百。妻还一个劲儿夸我有远见呢。

这时，我长长地松了口气：组合柜危机总算过去了！

离婚

我们总爱强调共同语言，殊不知精神上的差异才是现代家庭赖以生存的基石。同一性只能使人陶醉，彼此的差异才能促其发展。

妻自从容忍了诗以后，我们的日子过得愉快而又充实。可是，我竟然又爱上了哲学，妻这下可忍无可忍了。诗毕竟热情天真，哲学可是个诡谲而乏味的家伙。许多人毕生钻研尚且收效甚微，何况我半路出家，用妻的话说“简直发了疯”。但我喜新厌旧秉性难改，妻到底把我送上了法庭。

过小年的前一天，我和妻带着小迷早早地赶到法庭，因为是双方自愿，也就无须请律师。本来要调解两次后再行裁决，好在庭长是妻的熟人，于是免去了调解的麻烦。人情这东西真奇妙，无论祸福都能派上用场。不过五十元诉讼费不能少，公事公办嘛！我们去的法庭在我单位附近，自然我是被告了。妻将庭长递给她的空白起诉书朝我怀里一扔，说：“你写吧。”承蒙妻的抬举，我竟糊里糊涂替她写下控诉我自己的起诉书。

开庭后，首先核查身份，再申说离婚理由，然后登记财产，并对财产进行分割，接着确定女儿的监护权和抚养费。妻答话时很不耐烦，大有藐视法庭的嫌疑，幸亏是熟人，才免予追究。我尽量装出一副不卑不亢的姿态，尽管身为被告，我却问心无愧，既然自己要钻牛角尖，何苦累妻一道受苦呢？

不谙世事的小迷只当大人们在做游戏，她不时从妻的身边飞进我的怀里，像蜜蜂在为我们传播彼此的忧伤。最后是裁决，整个过程平静有序地进行。末了，我和妻在法庭记录上签下大名，裁决书下星期即可领取。

从法庭出来，我把小迷拽到一边想说几句话，“妻”恼怒地对小迷说：

“你归我了，不许理他！”

小迷立即顶撞道：

“法官伯伯没说不能理他！”

我担心“妻”责骂女儿，忙转身含着泪离去。

分手后我孑然一身住到朋友家，因为临近过年，我对朋友说“妻”带女儿先回长沙了，我过几天再走。

谁知第二天“妻”就找到那位朋友戳穿了我的谎言。她还请他多关照我，说我肠胃不好。那位朋友一听就要拖我回家，见我不肯，又邀来另一位友人，两人生拉硬拽把我押回“妻”的家。

一进门，小迷小鸟般扑进我怀里，“妻”泡了两杯茶，转身做饭去了。我悄悄问小迷：

“昨天过得好吗？”

小迷同样小声地回答：

“妈妈昨晚哭了好久，饭也没吃。我吃的快餐面，一点儿都不好吃！”

饭菜弄好了，“妻”斟上四杯香喷喷的葡萄酒，给女儿开了一罐健力宝，气氛和谐而平静，两位朋友竟不知如何启齿。他们闲聊了几句，吃完饭便告辞了。等他们一走，我也打算离开，但女儿抱着我不放，我扫了客厅一眼，没见到“妻”，便对女儿说过几天再来接她出去玩。这时，女儿附到我耳边悄悄地说：

“是妈妈叫我拖住你的，她说以后再不念你了。”

于是，我留了下来……

第三辑

童心永在

· 李迷儿时习作 ·

月亮和我捉迷藏

晚上
月亮和我捉迷藏
她要我闭上眼睛
等我睁开眼睛
她已经躲进云里
我用手拨开云
终于找到她了

（五岁）

太阳和月亮

太阳和月亮
你们为什么老跟着我
我走你们也走
我躲进屋里
你们就趴在屋顶上睡觉
你们是想听我唱歌
还是想听我朗诵诗

（五岁）

彩虹

彩虹是天的衣服
天每次洗完澡
就穿上它
像一只美丽的花蝴蝶

（五岁）

冬天

下雪了
整个世界白茫茫
用白纸比雪
雪比白纸白
可别弄脏了白雪
我要在上面画画
我不告诉你
我要画春夏秋的画

（六岁）

流星

黑黑的天空像个大烧饼
星星就像烧饼上的芝麻
一颗芝麻掉下来
有谁敢去吃它

（七岁）

柳树

我家楼下有一棵柳树。

春天，它像一个美丽的少女；

夏天，它像一个凉棚；

秋天，它像一个金发女郎；

冬天，它像一个满头白发的老太太。

柳树一年四季都散发着它的美丽。

（七岁）

艳梅

我有一个邻居，叫艳梅。她只有三岁，长得十分可爱，还老爱提问题。

有一次，艳梅问我：“姐姐，太阳公公怎么老从东方升起呀？”我说：“太阳公公的家在东方。”她又问：“他为什么不搬家呢？”我回答：“他喜欢他的家呗！”

这时，吹来一阵风。艳梅又问：“风从哪儿跑出来的？”我说：“风从风婆婆的口袋里跑出来的。”她一听可高兴了，缠着我直嚷：“姐姐，带我到风婆婆那儿去玩好吗？”这下，我可没办法了，风婆婆谁也没见过呀！

哎，艳梅为什么这么爱提问题呢？

（七岁）

身上压着五行山

放学了，同学们都背着书包准备回家。这时，李晓虎把胀鼓鼓的书包放在背上，身子朝前弯下去，对大家说：

“我是孙悟空，身上压着五行山。”

同学们都被李晓虎的样子逗笑了。

（七岁）

鸟

每天早晨，我总被一阵阵清脆的鸟鸣惊醒，好像小鸟在催我快快起床。

今天，我好奇地向窗口走去，仔细一看，发现不远的一棵大松树上栖息着几只小鸟。我高兴得大声喊了起来：“爸爸，快来看呀！小鸟在树上表演节目呢！”爸爸一听，走过来，望着小鸟，风趣地说：“那是我买的几只小闹钟，每天按时叫我们起床的。”我听了，笑起来。

小鸟每天都这么早叫，是谁叫它们起床的呢?

（七岁）

天窗

月亮是天的窗口
我朝里面望了望
只看见金黄色的光
却没看见天外的东西
这到底是怎么回事

（八岁）

冬天的银河

冬天的夜晚
我和爸爸去找银河
天上只有稀稀落落的星星
却看不见美丽的银河
是银河结冰了
还是星星冬眠了

（八岁）

悠悠小河水

童年的生活就像一幅美丽的画，画中最引人注目的要数那条悠悠的小河。

河水清时是淡绿色，好像谁在水中放了绿颜料。一条条小鱼游来游去，忽上忽下，十分惹人喜爱。河水浑时是金黄色，仿佛一片片成熟的稻浪。

河水有时像个调皮的男孩，有时像个温柔的小姑娘。水慢时，像一支优美的《小夜曲》，每晚伴随我进入梦乡；水急时，像一匹奔腾的骏马，整天陪伴我嬉戏玩耍。

夏天，我们光着脚丫，踩着石头和沙子扑进小河的怀抱；冬天，我们把雪球投进河心，给小河挠痒痒。

悠悠小河水，你给我的童年无限欢乐，我永远忘不了你。

（八岁）

假如世界上没有了爱心

假如世界上没有了爱心
妈妈将不会照顾自己的孩子
人类就会灭亡

假如世界上没有了爱心
动物也不会管自己的宝宝
动物就会绝种

假如世界上没有了爱心
花儿炫耀自己而不结果
植物就会消失

假如世界上没有了爱心
五彩缤纷的世界将变成沙漠

（九岁）

杂诗

在公园
捧起的是芬香的花朵
抓着的是绿色的小草
在学校
捧起的是读不完的书
抓着的是放不下的笔

（九岁）

打电话

我要打个电话给太阳
让他给黑暗的地方多一些光明
给寒冷的地方多一些温暖

我要打个电话给月亮
让她给伤心的人多一些安慰
给绝望的人多一些希望

彩虹啊
请扬起你那金色的线缆
传递我的心声吧

（十岁）

瞌睡虫

瞌睡虫是个什么样子？我想你们谁也说不清。至于我嘛……当然，我也没见过。但我敢肯定，它准不是个好东西！不信？那就来听听我的亲身经历吧。

上课时，老师滔滔不绝地讲授着知识，同学们正聚精会神地听着。忽然，一阵暖风吹进教室，瞌睡虫随风而至。它们来无影去无踪，可调皮了。不一会儿，它们就成群结队地绕着我转悠起来。我拼命抵抗：用手揉眼睛、使劲拧大腿，那瞌睡虫就是不肯离开。我被那些讨厌的家伙弄得眼花缭乱，两眼皮直往一处粘……终于，我支撑不住了，往桌上一倒，做起美梦来。

晚上，我在台灯下安静地做作业。写着写着，手开始发酸，眼睛也渐渐睁不开了。“认真点！”我使劲拍打着脑袋，想赶走不知何时到达的瞌睡虫的先头部队。我站起来揉揉手，赶紧关上门窗，心想千万不能被瞌睡虫打败。可是偏偏事与愿违，作业写了一半，瞌睡虫的主力部队就赶到了。我忽然觉得书上作业本上的字全变成了瞌睡虫，不对不对！是瞌睡虫全变成了字。不管我怎样顽强抵抗，全都无济于事，瞌睡虫又一次取得了胜利。

好不容易等瞌睡虫飞走了，我草草写完作业，往床上一倒。啊！终于可以安安稳稳睡觉了。咦？瞌睡虫呢？那该死的瞌睡虫又跑哪儿捣乱去了？我千呼万唤，它们始终不肯出现。“一、二、三、四、五……二百一、三百三、二百五……”我一边稀里糊涂地数着，一边暗暗咒骂那些缺德的捣蛋鬼。也不知数了几亿几兆，瞌睡虫就是不肯再顾茅庐……

瞌睡虫到底是何等尊容？我和它打了十年交道仍然不得而知。不过，凭我的第六感觉，我猜它们一定轻得像风、滑得像水、讨厌得像大人的训斥。

“说曹操，曹操到！”一篇作文还没写完，那些顽皮的瞌睡虫又来捣乱了……不好！我的上眼皮开始下沉了……再见！

（十岁）

等待

有些事也许当时很令人失望，但过后回忆起来却令人兴奋不已。我们六年一期去参观军营那件事就是这样。

刚开学不久，“雷达”小李子侦察到一条爆炸新闻：我们很快要去部队参观学习！这句话如同天外飞来一块陨石，把大家惊呆了，全班顿时议论纷纷。要知道，从升入五年级那天起，老师就天天念叨“一寸光阴一寸金”，这下竟肯耽误一天课程带我们去参观。想到这儿，大家激动得直呼“万岁”。

从此，每到课余，大家便三五成群凑在一块儿，七嘴八舌地议论起军营来。“我猜军营一定很漂亮，有花有草坪，军人个个衣冠楚楚，长得帅呆了。”李娟托着下巴，仰望着天空说道。刘青紧接着兴奋地说：“那儿一定有很多枪，还有……”黄伟不等刘青说完，抢过话头说：“还有大炮、坦克。我一定要爬到坦克上去，坐在炮筒上，那才叫酷呢！”黄伟一边说一边还手舞足蹈，把大家乐坏了。教室里的笑声、谈话声此起彼伏，一浪高过一浪。

日子就这样在我们的憧憬中一天天过去，尽管行期一推再推，大家的兴致却一天高过一天。终于在第十周，盼来了那一天。全班同学一大早便赶到学校，跑进跑出，往背包里塞满零食与等待的喜悦。

上了驶往部队的公共汽车，我们高歌曼舞，沿途撒满了我们的欢声笑语。

汽车渐渐驶进了目的地，咦？这就是我们想象中的军营吗？几排陈旧的平房，操练场还没有足球场大。别说大炮坦克，就连枪，也只是门口站岗的哨兵手中那支普通的半自动。宿舍里更是简陋，每人一张床一个小柜，墙上挂着的水壶陈旧不堪，有的甚至变了形。大伙儿顿时大失所望，接下来观看战士们在烈日下赤手空拳表演时，个个都没精打采的……

说来也怪，那次参观已过去半年多了，大家每次回忆起来竟仍然兴高采烈，一点也没留下当时失望的阴影。也许真正令大家兴奋的，并不是那次活动本身，而是活动前那份美丽的等待。

（十一岁）

登山

我登上山顶
向夕阳问声好
回头望望脚下的城市
不禁放声大笑
我徜徉在绿海之中
摘根小草编成蝴蝶
让它去散布欢乐
一阵晚风拂过
树儿、草儿、花儿齐声歌唱
我仔细一听
哦
原来它们唱的
与我心中唱的是同一首歌

（十一岁）

月亮

月亮款款而至
飘逸而忧伤
洒向人间的
是她茫然而迷惘的目光……

夜忙点起万家灯火
为她驱赶黑暗
月亮望着人间 轻叹一声
她怯怯地看着嬉戏的群星
她依旧忧伤

夜又给她穿上浮云做的纱衣
为她驱赶寒冷
月亮眼中掠过一丝苦楚
她轻轻推开夜的关切
长叹一声
她依旧忧伤

月亮静静地来了

月亮轻盈地去了

月亮依旧忧伤

不是因为黑暗 不是因为寒冷

为的是她那无边的孤单

（十二岁）

梁山

不知从什么时候起，我们班门边的那段楼梯被冠上了一个雅号——“梁山”。

梁山紧靠我们班的教室，顶上是一间空房子。学校原定将“红领巾广播站”设在这间小屋里，后来不知为什么改在了别处，从此这间小屋便空了下来。

梁山很矮，只有九级台阶；梁山很窄，顶上只有两尺见方；梁山很小，靠墙只能并排站四人。

梁山是男孩子的天下。每当课外活动时，梁山上便聚集了一伙“梁山好汉”。梁山虽没有《水浒传》中的“八百里水泊”，但地势居高临下，却是个易守难攻的兵家宝地。比起施耐庵笔下那一百单八将的本领来，我们班的“梁山好汉”可就相差孙猴子一个筋头云的距离——十万八千里了。但他们“打家劫舍”“洗劫过路客商”的凶狠劲却有过之而无不及，这些“和尚打伞——无法无天”的后起之秀，才称得上真正“无恶不作”的“梁山贼寇”呢！

梁山虽然是男孩子的天下，但偶尔也有几个大胆的女孩子毅然上山落草为寇，尝尝当梁山女将的滋味。

梁山真不愧是个天然避难所。谁“吃了官司”遭“官兵”围捕，只要当一回“林冲雪夜上梁山”，凭这得天独厚的地势，再多的“官兵”也只能望洋兴叹。

可不，这天下午“唐老鸭”唐超把“米老鼠”李欣惹火了。李欣一怒之下率众员女将，从楼上追到楼下，又从楼下追到楼上，眼看要追上了，唐超一个箭步冲上梁山，硬是一夫当关，击退众女将一次又一次进攻……

梁山就这样日复一日地给我们带来无穷乐趣，直到有一天，班主任老师亲临梁山，下了一道“圣旨”：“日后，闲杂人等一律不许上梁山，违者重罚！”就这一句话，比高俅的八十万大军还管用，“梁山好汉”们一哄而散，梁山从此冷冷清清。

每到课余，总能看到三三两两的“梁山好汉”，站在梁山下摇头叹息：“唉！想我梁山昔日多威风，而今如此荒凉，可惜呀！可惜……”

梁山啊，你何时才能重振昔日的辉煌？

（十二岁）

无奈的长发

自小我就爱看古装戏，特羡慕戏中女主人公那一头长发。每当戏中人含笑回眸，轻轻一甩头，那乌黑的长发扬起，在空中划出一道优美的弧，旋即又整齐地落回肩上，那光彩、那飘逸，真让我羡慕死了。

从那时起，我就萌发了留长发的愿望。不幸的是父母嫌我留长发费事，只允许我的头发长至耳垂。不管我怎样吵闹反抗全都无济于事，剪刀一次次“咔嚓”“咔嚓”响起，一撮撮美丽的黑发伴着我无限的惋惜轻轻飘落地上。也有几次“孤军起义”成功，最长一次黑发已垂至双肩，但在父母的“腹背夹击”下我终究还是败下阵来。“咔嚓”“咔嚓”……

在对黑发的一声声惋惜中，我慢慢长大了。一次，偶尔翻看相册，见到所有的照片全是清一色的短发，不由得开始对短发深恶痛绝，留长发的愿望像棵大树在我的心中疯长起来，很快塞满我心的每一个角落。父母终于抵不住我死磨烂缠，破天荒应允了我的要求，我当即兴奋得手舞足蹈，连呼“万岁”。

剩下的时间真难熬，终于头发长得能扎起来了，我兴高采烈地用发夹把它束在脑后，走起路来荡个不停。望着那越长越长的黑发，想到不久我也能像戏中人一样自如地甩动乌黑的长发了，心里美滋滋的。

很快，留长发的烦恼也接踵而至。每天梳头挺费时，洗起来麻烦，还时时要买发夹……尽管如此，想起童年时的愿望，我仍坚持留了下去。

小学毕业后，我以为从此可以高枕无忧了，但这时猛然听见一声晴天霹雳：中学规定女生一律留短发！于是，我留长发的愿望又一次破灭了！父母听了倒是挺高兴，连推带搡将我送进美发厅，剪刀的“咔嚓”声又一次响起……

唉！我什么时候才能留一头美丽的长发呢？

（十二岁）

小蜘蛛的丝

天失恋了，刚刚才歇了口气，又掉泪了。伤感被凉风夹带着，飞到城市的每个角落，让许多不识愁滋味的少男少女，也莫名地郁闷起来。

本该是骄阳似火的季节，却落了个雨丝飞扬，绵延的雨丝把我的心缠绕得密不透风。我走上阳台，刚想换口气，咦？我看见阳台的犄角里有个东西在半空中蠕动。定睛一看，是只小蜘蛛。它很小很小，小得吃只蚊子也要撑死，但它却很精巧，对着光看，嗬！几乎是透明的！

我随手拾起根小棍子，满不在乎地把小蜘蛛周围的丝一根一根挑断，想瞧瞧它高空坠落的狼狈相。这时风的呼吸急促了起来，仿佛我的残忍举动感染了它，它也毫不犹豫地加入这场恶作剧。看着小蜘蛛挂在一根仅存的丝上在风中晃荡挣扎，我的心突然收紧了，生怕它会掉下去，或是吹得找不着回家的路。还好，那只勇敢的小蜘蛛终于在我的祈盼下，凭借那根柔弱的丝，一步一步艰难地爬回了墙角。

蜘蛛生命力顽强，因为它有属于自己的丝。那我们呢？我们有吗？谁未曾有过绝望的时刻，谁未曾有过轻生的念头，在疲劳至极、悲伤无助的时刻，谁没有对自己说过：要是明天醒不来该多好。

我那年近九旬的老奶奶，在病床上躺了二十多年，一次又一次与死神擦肩而过，顽强地活到今天。

曾有人在漫漫黄沙中因风暴迷了路，水尽粮绝之时，他用身边仅存的物品——一张薄膜覆在地上，每天清晨吮吸附在上面的水珠得以活下来。

杰克·伦敦笔下那位精疲力竭的淘金者，没有同伴，没有粮食，靠嚼灯心草、羊骨头、蜥蜴……在意识几乎丧失，只能像甲虫一样四肢着地蠕动的情况下，居然还咬死了跟他多日的疲惫的老狼，奇迹般获救了。

…………

还有许许多多人，他们拼命在死亡线上挣扎，即使到生命的最后一刻，也不轻易放弃。你想过吗？他们为什么有那种超人的毅力，能忍受常人难以忍受的痛苦？

让我来告诉你，原因很简单，小蜘蛛凭借一根柔弱的丝，隔开了生与死，而人，一样也有根丝。不同的是，小蜘蛛的丝看得见，人的丝在心里。人的那根丝就是我们对生命的热爱呀！

（十二岁）

一群小野兽

他们的四肢装有电池
这使他们有足够的精力
做自己想做的事
他们的心是瓷
细致易损的瓷
破碎后无法修补的瓷

他们不断冒出的想法
多得像大海里的浪花
他们不断压制自己狂热的念头
像地壳阻止岩浆的固执
他们每秒钟都在
试图舒展四肢
反对不过是大火中的水滴

他们是一群无法驯服的小野兽
人啊！放开手吧！
等着他们去征服世界吧！

（十三岁）

秋风

提起秋天，谁都会想起累累的硕果、橙黄的稻浪，却很少有人想到秋风。的确，秋风在人们沉醉于丰收的喜悦之时猛然吹来，夹杂着几丝逼人的寒意，不由得令人大为恼火。但如果你定下心来细细体味一下秋风带来的那份凄美，相信你是不会空手而归的。

秋风很独特，她不同于其他的风。春风如慈母般温暖，融化了冰雪，唤醒了万物；夏风宛如沙漠里的绿洲，炎炎烈日下给人带来丝丝凉意；冬风呢，像个耿直的北方汉子，匆匆地从人间走过，却丝毫没在意他的鲁莽给人们带来的伤害。而秋风，她与春、夏、冬风都有些相似，却又是那般独特。她像个多愁善感的女孩。她轻轻捧起落叶，猛一下又全撒开，纷飞的落叶在寂静的夜里显得那般凄凉。她低声呜咽着，像在诉说什么，你想听清时，她却戛然而止。她在冷冷的夜里从人们窗前飘过，是那般飘逸、神秘、不可捉摸。在人们沉醉于丰收的喜庆时，她始终在倾诉些什么，但没有人听懂，也没有人愿意聆听。秋风那敏感而细腻的自尊被重重地触动了，她伤心了，她失望了，她将寒意夹杂在风中洒向人间。

上苍是公平的，春季里万物蓬勃生长，春风也就毫不吝啬自己的温暖；夏日呢，上苍在让炎炎酷暑降临时没忘嘱咐夏风多带些凉爽；冬日里万物萧条，上苍让冬风吹来雪花将大地银装素裹。而秋风，她在带来丰收的喜悦和温馨时，却又让人们感到几分失落、几分凄凉、几分警醒……有人为此感到困惑，其实只要你久久聆听、细细品味，你一定能获得丰收以外的另一份礼物。

秋风年年从窗前飘过，带着她的温馨，带着她的凄美……

（十三岁）

那一夜

那一夜，很普通，很普通……

她，只是我新结识的一个朋友，夜，也只是一个普通的夏夜。我们俩，裹在夜中，不停地走，不停地聊。我们聊了很多，聊了很久。我们聊到了自己，聊到了对方，聊到了周围的友人，聊到了当时的夜。我很惊异第一次遇见一个这般相似于我的女孩。她看上去很成熟，思想却很幼稚单纯；她骨子里很叛逆，外表却是一个乖巧的小女生；她很想尝试生活，却又为一大堆阻挫困惑。她像一颗水草下隐蔽着的石子，她正是我所喜欢的！

终于，我俩走累了，并肩坐在球场边的石墩上。那夜天空真美，没有浮云，没有月，连星星也只是天各一方的寥寥几颗，郁郁地洒下目光。凉风习习，寂寥的后山，蛐蛐的鸣声单调地响起。一切似乎都很凄凉、很美丽。

我望了望身旁的她，我不知道是因为她才喜欢这个夜，还是因为这个夜才喜欢她，但我感觉到，这晚触及了我对往事的许多回忆。思绪就像水，在我心中被一道闸门挡住，一天、两天，一年、两年……水一天天涨起来，压抑得越久也就越难受。终于，这片夜色撞击了它，开启了它，水一泻而下，再无法止住。

接下来的谈话，我说了许多，我说出了许多鲜为人知的往事，甚至告诉了她我与一个男孩之间的故事。那个故事其实很简单：那时我读高小，男孩的学校就在旁边，他已经不小，大概上高中了。男孩与我同路，每天我们都一起去学校，但总是一前一后，从未说过话。有好几次，我们差点就要认识了，但由于害羞，谁都不敢先开口。就这样，直到毕业，我们还是“熟悉的陌生人”。说出这段我至今仍觉遗憾的往事，我感觉有些解脱。她眨了眨眼，沉思了半晌后说道：“其实并非什么事都要有个结局，有些事没有结果反倒更加令人怀念。而且，有些事让人喜欢的并不是结局，而是那时的感觉。你说对吗？”我点了点头……

那一夜我永远会记住，那夜色、那凉风、那蛐蛐叫声；那星光、那女孩、那倾诉一切的快乐。也许她并不像我想得那般完美，也许那夜的美只是我的念头，但也许正如她说的，有些事让人喜欢的是那感觉。也许，永远让我记住的，正是那种感受。

（十三岁）

放学路上

这是一个雨后的黄昏，地上还余着积水，到处湿漉漉的，惹得人心烦意乱。放学时我精疲力竭，整个人已累得不知身在何处。出了校门，冷风一吹，我才渐渐平静下来。

上了国道，我将车骑得很慢。举目四望，五岭广场后面的远山被雨冲刷得十分清新。风有些大，丝毫感觉不到春天的和谐。我心如止水，充耳不闻身旁车辆川流不息的呼啸声。我一无所求，身在闹市竟觉得万籁俱寂。

下坡时不经意间我触到了一幅画面：一条笔直的小道，四排整齐的树木，路尽头两间高大的厂房，远处的烟囱独树一帜亭亭耸立……淡淡的青绿、浅浅的灰色，颜色并不浓郁，景物也很简单，但那流畅的线条、简单的布局却在刹那间征服了我的心。我一惊，车旋即驶过，画面不再现。我犹豫了一下，没有捏刹车，只是高高地竖起了衣领，任车飞快地滑下去。一幅美妙的画面在人的一生中只会出现一次，如果我返回去看，那看到的还是它么？不是了，那物、那景，对我而言已不再存于现实中了，因为它已存进了我的心里。

下坡后，天色有些暗了，云分布得不匀，一团一团散布着，又非错落有致，很像一块乱泼了墨的画布。云上面有什么？宫殿？

神仙？有人告诉我，云是水蒸气汇聚成的，是么？但我更愿意相信云层上面站着雷公电母、太上老君。真的，就像常在月夜我思念月中的嫦娥玉兔一样，我宁愿生活在童话中，因为那儿有梦幻般的美丽。

我的头有些晕，我知道自己正在思考。究竟在想什么呢？我笑着摇摇头，有些东西是人一生也琢磨不透的，别去想了。其实想的是什么并不重要，只要知道自己很快乐，别的又有什么关系呢？

静静的黄昏，静静的放学路上，我什么也不想，什么也不做，没有了学习的压力，没有了生活的烦恼，脑海中只浮现出四个字——闲情逸致。我爱这份感受。

（十三岁）

夜风的手

夜风的手
翻开了过往的岁月
一字一字 历历在目
蓦地 四周的风一同吹过
一切的一切 忽隐忽现
记忆那串风铃 在风中歌唱
叮叮 叮叮
从心底浮起 占据周围世界
我竖起耳想听得更清晰
铃声却渐渐飘远
再听不见

（十四岁）

我以为

我以为
记忆可以让流逝的岁月重现
以为 记忆可以像墙纸
贴在墙上 供我一次次流连
可时间 乘我不备
偷去了它
一片片剪碎 抛在风中
风过后 这墙纸已残缺不全

我以为
真情的倾诉 不在乎时间
可青春那一页翻过后
再无法改变
那空空的一页
只写着年少的努力
和一去不复返的流年

我费力地在周围
瞬息万变的光影中
保存真实的自己 可怎样做才对
我无力地
任如水的时间流去我的稚气
纯真 还有太多的美丽

（十四岁）

时间杀手

如果你问女生："你们为什么不去拜访贝多芬、结识《老人与海》，或是去看看《饥饿的石头》、听听《旷野的呼声》、嗅嗅《南国的玫瑰》？"得到的回答多半会是："我哪有时间啊！"没时间？那女生的时间都跑哪儿去了呢？

相信大家都见过蚂蚁找到食物后竞相转告时"触角对对碰"的情形吧！我对这情形记忆颇深，为何？因为我每天早自习一到校，就见周围女生三三两两以这种姿势在一起窃窃私语。晚自习时四下听听，这种如蚕嚼桑叶的沙沙声"涛声如旧"。我冥思苦想总搞不明白这些窃窃私语的含义所在，许是我生性过于驽钝吧！

敝人生性好动，滑冰、游泳、打球、攀岩无一不精，加之兴趣广泛，琴棋书画无不是吾最爱。女生们不解我同为女生何以时间格外充盈，刨根究底，到快打听出我老老外婆的生平简历时，这才发现我时间充盈的根本原因——我不看电视。然后她们每个人都恍然大悟，可随即又迷惑不解，不过谁也不想深究，转眼又沉入窃窃私语之中。

我曾问过一位女生为何爱电视甚于爱自己，她说："看电视时间很快就过去了呀！"又愁没时间，又赶着时间走，我真不明白我的这些女同胞究竟哪根神经短路了！

我每日见女生三五成群结伴外出，整个中午不见人影，直到上课铃悠悠地拉长了腔时才姗姗来迟。我总想不出这巴掌大的学校何处能容下这么多的时间。直到有一天我偶尔迈入学校边的“美味一条街”，这才恍然大悟：原来她们的许多大好时光都同烤牛肉串的袅袅青烟随风飘散了。再后来在超市琳琅满目的商品堆里见到她们悠哉游哉的窈窕身影，于是我又发现了她们宝贵时光的另一流失地。

哎！水土流失有环保部门来治理，时光流失又该由谁来治理呢？我想，若在生命的长河中多筑几道三峡大坝，或许生命的美丽会留得更长久些吧。

俗话说“光阴似箭、日月如梭”，冷艳无情的时间杀手不知还会使出什么绝招来。女生们，千万把自己的时间看牢点哦！

（十四岁）

孔乙己巧遇范进

话还得从范进中举后说起。且说那日，范进挨了老丈人胡屠户一掌后，倒也清醒了几分。不久他当上了某县知县，每日坐在明镜高悬的金匾下断案理事，好不得意。

一日，范进因事外出，回府途中，轿夫突然停步，范进微怒，跺轿底道："众人缘何止步？"一轿夫上前拱手道："大人，是路中心有一醉汉，叱喝不去。"

范进甚异，下轿视之，见一又黑又瘦破衣烂衫的醉汉，盘着双腿挡于路心。范进喝道："何人如此大胆，敢挡本官的路？"那人懒懒抬头，道："吾一生时运不济，功名难就，以至流落街头，唉——"范进掩饰不住心头的鄙夷，喝问："汝是何人？"那人道："孔乙己。"范进又问："为何不去应考？"孔乙己揉揉惺忪的醉眼，道："不考，不考，考不上，何须考？"范进训斥道："汝真不思进取！汝看我，屡败屡考，才有今日，汝若考上，荣华富贵同样享用不尽！"

孔乙己一听，猛抬起头，无神的眼中闪出希望之光："大人可否授我考试之道？"范进得意扬扬地传授起来："汝听好：见考官拱手作揖，是敬；备银两夤夜相送，是礼；写八股歌功颂德，是忠。行文不可太迂腐，大话、空话、假话、套话多多益善。要想平步青云，溜须拍马是垫脚石，奴颜婢膝是登天梯……”孔乙己小声嘀咕道：“‘四书五经’可从未见过这些啊……”

范进正讲到兴头上，被孔乙己一瓢冷水泼个正着，忿忿然道：“汝照办即可，何须多说！”谁知孔乙己又是“君子固穷”，又是“之乎者也”说个不停，惹得范进大动肝火，他骂了句“孺子不可救也”，拂袖上轿，留下那被衙役赶到路边的孔乙己扬长而去。

孔乙己用那惊疑不定的眼神望着范进一行远去的背影，摇着头喃喃地念个不停：“考乎哉？不考也。考乎哉？不考也……”

（十四岁）

熟悉的陌生人

小学时，我很寂寞，不光在学校，更在学校与家的路上。我家离学校很远，附近没有同校的女生，所以每天只得踽踽独行。

在这路上，还有一位上中学的男生。男孩很高大、很帅气，也很孤独。他那漠然眼神中透出的，除了冷酷，还有几分茫然。

不知为何，我几乎每天都能遇见他。每次去学校，我刚从他家走过，便会看见他从大门中走出。每次他走过我的学校，我又正巧从校门迈出。我俩一起走着，有时隔着宽宽的街道，有时仅仅几步之遥。我俩之间既近在咫尺，又仿佛远在天边。许多次，不管谁走在前面，见到对方都会不由自主放慢脚步，可待后面的赶上时，又相对无语，匆匆错过。有几次，男孩从后面赶上来，看着我，愣了愣，满脸通红地垂下头慌忙走开。望着他渐行渐远的背影，我心中一片酸楚和失落。我多想叫他一声“哥哥”，追上去与他同行，但我不能，我只有默默地咬着嘴唇，望着他从视野中消失。

有一天，我放学晚了，没见着男孩，忙放开大步同寂寞赛跑。走到半路时，终于赶上了他。只见他正牵着一个三四岁的小女孩，有说有笑地聊着天，特别是过马路时他那种小心呵护的样子，真令我感动得无法自已。打那以后，我每次从他身边经过，总不由自主地从心底涌出一份渴望，希望他有一天会像对那小女孩一样关心我，爱护我。可是，那一幕没有出现，我们始终都是陌生人。

渐渐地，他成了那一路我唯一的伙伴。从小学五年级直到毕业，我习惯了注视他宽厚的背影，习惯了看见他因害羞欲言又止的神情，习惯了这一切，也喜欢上了这一切。没他在时，我才感觉出路的漫长。

很快很快，全然一新的中学生活吸引了我。我以为自己将不再寂寞，直到有一天我偶尔又来到这条路，想起了那一切。我常借故走这条路，尽管从这儿到校要花多一倍的时间。一个昏暗的黄昏，我又来到了这条路，快到男孩家时，我看见前面有个人似曾相识，当我骑车与他擦身而过时，四目相对，他的眼神依旧忧郁。猛然间我发现，有了他，其实我依旧寂寞。

春去冬来，又一个学期终了，我再也没有见过他。也许今生今世我们再也无缘相遇，也许他早已将我遗忘，也许他在我心中的图像将随岁月的流逝不再清晰，也许，很久很久以后的一天，独自的我又会想起他，想起那条路，想起那段时光……

（十四岁）

我思故我在

此时，天色有些暗。上午还是晴空万里，下午却又阴云密布。风有些狂，有些凉，却能使狂热的头脑冷却。这感觉真好，我肯定会不停回想的，我想着，该留下点什么吧！做什么呢？把这情景画下来？把风声录下来？把心境存下来？……太不现实，而且也是徒费心力。我能做的，仅仅是坐在风中，独自傻傻地笑。

想得太多会很累，对吗？也许我不该想这么多，那么多人什么也不想，还不照样混混沌沌活了一辈子？我知道此时的我很开心，即使自己也搞不懂为何开心；我也知道日后我会怀念这时的快乐。但此时，我什么也不能做，只能在匆忙的瞬间从时间的车轮下抢救出一丝如瓷瓦般易碎的快乐。人生最痛苦的，莫过于明知故事的结局，却只能眼睁睁看着，无力去改变。

人的一生有很多种活法，可以像大多数人一样，长大、成家，过一种很真实很纯很淡没一丝波澜的生活；也可以活在昨日，活在自己用幻想构筑的生活中；也可以活在惊涛骇浪之中，鄙视平凡；如果足够幸运，也可以去过一种神经质的狂热的生活，在艺术中挣扎，在艺术中远去……这一切对一个普通人来说没有太多选择的余地，天才与渴望成为天才的人的比值微小得让人无法面对，鲁迅与许许多多想成功的人一样地努力，但如果没有杰出的天赋，他是成不了天才的。

上天给我的生活方式，也许与芸芸众生并没有两样。我顺着前人的生活方式去生活，与旁人一样为日后的生活玩命地啃“圣贤书”；听些卿卿我我浮躁低俗的流行歌曲；看些下里巴人的影视剧；违心地称赞些华而不实平平庸庸的明星。我尽量将这一切做得不露声色，将自我藏匿得很深。然而，倾其所能之后，我猛然间发现我依旧是方外之人。为什么我总与周围的人格格不入？是因为形单影只太久？还是骨子里流淌着叛逆之血？我不得而知。也许，我宿命如此。

想得太多，于是我成了我。我是一个孤独的个体，灵魂四处飘荡。许许多多的矛盾相互碰撞，造就了我——一个敏感复杂神经质的女孩，常常惹得众说纷纭；一个知事懂理却偏执地我行我素的女孩；一个明白中庸之道却又不愿效仿，常狂叫“武林唯我独尊”，又常妄自菲薄的女孩。想得太多给自己招致烦恼，却让自己渐渐长大。

（十四岁）

我爱冬日

冬日是雪花的天堂，是寒风的乐园，是花草的坟墓，是另一个世界新增居民的高峰期。冬日不像春天，希望和绿色弥漫在世界的每个角落；冬日不像夏天，火辣辣的性格让人打心眼里喜欢；冬日不像秋天，美丽与成熟是那般诱人。冬日很穷，穷得只有风，连动物也不屑与它为伍，纷纷钻进家中把屁股朝向它。人们纷纷不约而同地用新换的“厚皮”和紧闭的门窗对它说出自己的厌恶。

但是，我爱冬日。

冬日像个老人，它用粗粗的喘息和倦怠的目光告诉人们它的年龄。冬日没有年少的狂热，只有岁月的沧桑、年华的睿智。冬日的青春已逝，却留下了回忆和凝重。

冬日的阳光懒懒的，有一丝疲倦。沐浴着这样的光，就像细细的金沙洒在身上，没有太多憧憬，没有热血沸腾的声音，只感觉得出平静的心跳、深沉的思索和宁静的美丽。

冬日的阳光很柔，暖暖的没有热度，如轻柔的摇篮曲。阳光伏在每个人身上，把人们的心情照得通明透亮。人们都爱在阳光里数自己的心跳，然后，什么也不想，什么也不做，独自地、静静地坐着。

冬日的风很寒。在没有阳光的寂寥的午后，风冷冷地呜咽。

风中，围巾与思绪飞扬。风很冷，冷得让人瑟瑟发抖，让人忘记自己；风很静，静得能听见大地的呼吸，静得让人沉寂于大地。

冬日的风中夹杂着迷茫，让人的心里涌出一种莫名的忧郁，让人不得不梳理自己乱麻一般的思绪，而这也让人疲倦。于是，人们只愿枕着暖暖的炉火睡去。

冬日是个智者，它总在思索着什么，它总想告诉人们些什么，可人们的厌倦令它闭上了几欲张开的嘴。但终究有人从冬日的欲言又止中，悟出了生命的真谛。而十四岁的我，用自己小小的心匣，装进了冬日的阳光和风，留给一生用。

（十四岁）

失落的笑

“这道题明明是你错了！”“是你错了！”“你错了还说我！”“我怎么会有你这么不可理喻的朋友！”晓华一把摔下书，怒气冲冲地转身离阿静而去。跑出教室，她向四周望去，只见天空阴沉沉的，大团大团的乌云零乱地四处堆着，像散不开的墨渣。远远近近的树，光秃秃的褐色枝条上空空如也，如冬日般一贫如洗，原本灰色的城市也被早春的雨丝缠得愈发暗淡无光。对！都怪这雨，一连十几天这么不紧不慢地下着，再有好心情也给淋得发霉了。晓华越看越气，却不知怎样才能给老天一点颜色看。

进了教室，晓华见桌上摆着刚发下来的英语试卷。“喂！晓华，你为什么老考这么好？我们都嫉妒得想揍你！”邻座彭逸一脸笑容。“唉，别提了，考得这么差，比第一低了好几分……你多少分，这么高兴？”“七十八，虽然比你差，但我尽力了呀。再说已经过去了，你恼也于事无补，还不如开心面对下一秒。晓华，你也笑一笑！”晓华被他的分数吓了一跳，愣了愣，然后笑了笑，很勉强的、苦得发涩的那种。晓华顿时诧异极了。奇怪，我怎么会笑不出来？以前我不是很爱笑的吗？窗外的雨声似乎小了一些，却没有断。天好像突然沉默了。

中午，晓华在操场边独自转悠着。雨刚停，地上一个个小水洼亮晶晶的，像沉睡了一冬的大地睁开了眼睛。“哇，真的很香呵！”“我怎么没闻到？”“你仔细点啦！”不远处叽叽喳喳的女生堆里传来几声兴奋的话语。好香？晓华四下寻觅起来。没有呀？再找找，还是没有呀！就在晓华准备放弃寻找的时候，一丝若有若无的清香徐徐地飘了过来……哦，原来是青草的淡淡香味！晓华深深地呼吸着这春天的香水味，幽幽的、纯纯的、静静的，在这淡淡的清香中，世界寂静下来。她猛然扭头望向青草，她看见闪着光的湿湿的叶片上面，有生命在晃动、有香味在流动，并缓缓地向四面八方逸散开去。当屋檐再把雨帘挂起的时候，晓华第一次站在窗前仔细看起了雨、听起了雨声。原来这淅沥的雨声并不像哭声呀！

“晓华，一起玩球去！”“不去了，待会儿又下雨。”“没事，雨刚停。”“你们先去吧，我等会儿再来。”教室里很快静了下来。“你干吗这么讨厌雨后？”彭逸好奇地问。“什么雨后呀，那是雨养精蓄锐的时候，它要攻击你可不会先发出通知。”晓华撇撇嘴答。彭逸听了哈哈大笑起来：“你准不知道雨后的景有多美。为了不留下终生的遗憾，走，我让你见识见识什么叫震撼。”彭逸不由分说把晓华拉到了球场边。

“闭上眼睛。”彭逸命令晓华。“没什么不同啊！”“你感到风的不同了吗？”“有些冷，清凉清凉的。还有我觉得空气似乎比平时更纯净、更清新，好像还有种馨香在飘动。”“恭喜你顺利通过了第一关，现在睁开眼抬头看西边的天空。”晓华顿时惊呆了：天哪！怎么这么美！灰暗的天空中竟有那么灿烂的一抹亮色，那条光带是如此明亮，让厚实的云层看上去几乎薄如蝉翼，透出无限光明。“美吗？哈哈！可别激动得忘了你姓甚名谁啊。也许我们讨厌一样事物，只是因为我们还没有发现它的美，我们不愉快的时候，也就是我们用乌云把阳光挡住的时候。”“我明白了，我们不能让天不刮风不下雨，但我们可以让心中的世界变换天气。”晓华终于由衷地笑了。彭逸拍了拍她的肩：“好兄弟，悟性真高，下回可别吝啬你的笑了。”

放学了，晓华收拾好东西正准备回家，有人从身后捂住了她的眼睛。“转过身去，你看窗外有什么？”哇！太阳出来了！金色的温暖的阳光斜斜地靠在走廊上，千根万根金线正在编织着快乐的梦想。光滑的蓝绸铺好了，一丝丝如扯散的羽毛般的浮云在上面轻盈地滑动着。阳光映红了晚霞激动的脸。地面上的一切都被洒上一层散散的金沙。金沙拂过脸庞，痒痒的、暖暖的。晓华慢慢把目光收了回来，落到阿静浅浅的笑靥上。“如果说刚才那抹亮色是天的微笑的话，那它现在一定在开怀大笑了。”晓华顿了顿，微笑着握住了阿静的手，“早上真抱歉。”

阿静望着窗外，脸上依然挂着那永不褪色的微笑：“天爱哭，三天两头哭个不停，但它哭累了也会露出久违的笑。我们干吗陪着它伤心呢？”晓华坚定地点了点头：“放心，重新找回的笑，我是不会再让它失去了，因为我已懂得：有笑的生活才不会寂寞，有笑的人生才会灿烂。”

（十四岁）

无题

屋里
阴郁
如同千百年前
欧洲暗无天日的中世纪
浓稠得
可以用刀切割的药味
就像庙堂里铺天盖地的烟烛香气
而那绵延的呻吟
不绝如缕
恰似那恼人的秋雨

而阳光
正在紧闭的门窗外
追寻
一个可以进入屋子的缝隙

（十五岁）

火

巴特农神庙前的风
穿越千百年的时光
向我扑来
灞陵的垂柳
牵着细雨
在我心中舞出伤感
我借来炙人的盛夏烈日
想烤烤潮湿的心房
一不留神
点着阿房宫
三个月的熊熊火光
烈焰中愈发清晰
你的笑靥
你的面庞

（十五岁）

再次相遇

请给我讲我爱听的故事
多年以前，多年以前……

男孩和女孩裹在街头淡淡的音乐声中再次相遇。身旁的行人川流不息，只有他俩默默相对，仿佛身处一个巨大的、无形的磁场。小学毕业前，男孩因转学而带走的那个缥缈的故事，似乎又在敲击彼此那疲倦得几近麻木的心。然而那逝去的六年毕竟太久远，他们已无言以对，可两人都执着地不忍离去，尽管谁也不明白自己究竟在固守什么，是一份感情，还是一种信念。

“你长大了。”久久地沉默后，女孩平静地说。

“也许我们都更愿做个孩子。”男孩苦笑着。许久的秘密，那朦朦的、甜甜的、涩涩的秘密，被这熟悉而陌生的笑轻轻开启。女孩咬紧嘴唇，没再出声，又是许久。

“我们还能再回到从前吗？当个孩子……”男孩抬起头，一字一顿地说。

“别自欺欺人了，其实我们心里都明白。”女孩低头轻轻答道，“一切都过去了。”

男孩突然笑了起来，突如其来的笑，很无奈也很古怪：

“这一生，是否那交会时互放的光亮，彼此都该忘掉？其实，天下最纯的，不是广告打得铺天盖地的纯净水，而是情，即使，那只是友情。”

女孩伤感地笑着：“我们什么也改变不了，有些故事，太美了，所以只能当故事，不是么？因为生活是不允许太完美的。”

男孩点点头：“我们都长大了，无法回避地开始成熟。但在回忆里，彼此都是孩子。就让我们守着那份美丽吧！”

女孩叹了口气，一抬头，正对上那刻骨铭心的目光。一切都改变了，除了笑和目光。“留个地址好吗？”女孩问道。男孩下意识地点点头了。尽管彼此都知道，他们谁也不会再联系。

“就当今天做了场梦吧，梦醒后，一切都会忘了的。再见！”“再见！”淡淡的告别，一挥手，一切都将烟消云散。挥不去的，只有那紧张而忙碌的高考，只有那惆怅的音乐声：

请给我唱我爱听的歌曲
多年以前，多年以前……

（十五岁）

吉他

屋里响起的是一首凄美的吉他曲，婉转、凄凉、细腻、心醉、心酸，如同一段思绪、一份忧伤。恰到好处的击弦让音更悠长，轻轻的揉音幽幽地、幽幽地，穿插其间的长短连音则将忧伤滑向了最高最高处……这一切只属于吉他，这古老的 Guitar（六弦琴）。

拨动这碧玉般剔透的琴弦，那音不仅回荡在音箱内，也回荡在人的心田。不亲自感受，没人会相信 Guitar 的奇妙。“叫我从何讲，爱情有多伟大的力量……”这曲《Love story》（爱情故事），也许只有吉他才能表现出它的美：深深的眷念、淡淡的忧伤与永恒深沉的爱恋。它每一个音都让人共鸣，让人为之震撼。叶佩斯一曲《爱的罗曼史》，更是将吉他乐推上高潮。那若隐若现、若有若无的乐音，朦朦胧胧却又能使人清晰地感受到一份甜美舒心，那般引人入胜，使人听后不由对爱情凭空生出一份向往与憧憬。《橄榄树》让人感受到的，则又是另一番滋味。“不要问我从哪里来，我的故乡在远方……”琴声里透出的，不是愉悦，而是落寞、苍茫。一种经历了沧海桑田后，不知情归何处的困惑迷惘、寂寞与无奈，其间还夹杂着游子浪迹天涯的凄凉。那六根琴弦表现出的无穷的美，像彩虹、像霞光，变幻莫测、美妙绝伦。

细细品味吉他乐曲，你会发现传入耳中的，除了乐曲声，似乎总有一丝幽怨、一份忧伤。这也许与吉他优美的外形有关，它的曲线恰如女性般细腻柔美。但也许来自弹奏时那细小的刮弦声——它像沙哑的嗓音，使吉他声没有钢琴声那般完美无缺，但却更令人心醉、让人销魂。这隐隐的忧伤，触摸不着，却一点点沁入你的心脾、沁入你的灵魂深处。

“于是，他抱着吉他浪迹天涯……”这是常常出现在小说中的文字。为何总是吉他呢？也许是吉他声中的那份亲切温馨。吉他声淡淡的、暖暖的，给人以家的感觉。那和谐美妙的音韵，仿佛心灵的家园，可以依靠、栖息，可以容下一切情感、思绪。也许正是如此，吉他便成了一盏灯、一个容器、一个永远开放的港口……

钢琴高贵典雅，小提琴婉转优美，萨克斯悠扬抒情。吉他没有这些，它有的，只是一种心情、一种感受。

（十五岁）

真情永在

天上的星星若有所思地冲我眨着眼。想告诉我什么吗？我迷惘着。一阵轻轻的夜风拂过，翻开了过往的岁月……

我想起了几年前那个同样美丽的夜，身边站着那个可爱的女孩。夜是那般的清新，真挚的感情让夜空飘着淡淡的馨香。我们畅所欲言，海阔天空，任由翱翔。我们多想用欢乐拦住时间啊，可惜，逝者如流水，转眼间，已无影无踪。星空，依然那么美，我想起我们曾一次又一次地仰望星空，凝望银河。“无可奈何花落去，似曾相识燕归来，小园香径独徘徊。”晏殊真是未卜先知，将今夜写得呼之欲出。

她此刻一定在忙着高考吧，时光逝去就再也找不回了。时过境迁，今生再也找不着那一夜。科技再发达，即使能复制一个地球，也无法克隆出那份感受。不管是人，还是地球，终究都会消亡，美好的情感却永恒不变。那些日子就像一个很美的陶器，保存得再好，色彩也会一点点淡去，总有一天它会破碎，重归于尘土，风一来，散了。我对她的感情却永远是甜美的。

自那夜分手后，我们再未见过面，而那一夜的相聚，双方都是那般珍惜。我俩就像命中注定的朋友，从不经意的相识，到无话不谈，就像两条小溪，静静地交流，没有一丝波澜，没有大起大落、大悲大喜，但平凡而真实，和谐而美丽。也许很久很久以后，我们不再有联系，也许从今以后，我们再不能相见，但一想起对方，心中就会涌起一份甜美，如同今夜我想起她一样。我们之间就像有根细细的线，如果说因特网困住的是人的身体，那根线却系在彼此的心上，轻轻一拉，很痛，也很痛快。两人交会时那一瞬间释放出的光和热，照亮了多少灰色的夜，温暖了彼此寂寞的心。那根看似柔弱的线，跨越千山万水，系住这份情，让它永不消逝……

（十五岁）

永恒只是童话

在去长沙求学前，我又踏上走了三年的上学路，想在路上收集一袋子过往的欢乐，带到新的学校去。于是，我撩开细细的雨帘……天哪！跃入我眼帘的一切，像是一张支离破碎的画面，霎时间把我推入了“回忆谷”，使我好半天爬不出来……

第一次我骑着山地车在一个大坑里摔了个狗啃屎；第一次我在迷宫样的住宅区里找不着北；第一次我在坑洼路上极速狂飙；第一次我看见一群狗正儿八经开大会；第一次一位憨厚的大伯免费为我修车；第一次和朋友们偷摘枇杷……我重踏长征路，无非是想寻找当年那个绊我的大坑，想再看一次大伯的笑，再看看那些曾给过我快乐的一切，可眼前的景象打翻了我记忆的相册，过去的照片散了一地，再也拾不起来。

当年那条陡峭的路已铲得平平整整，取而代之的是繁忙的工地；住宅区那些低矮的平房已拆了大半，即将建起的是现代化建筑群。记得我去长沙考试前，这儿的音容笑貌还是我最熟悉的那样，仅仅一个多月，变了，它们不约而同地全变了！那些我曾以为将一生不变的东西，就在我转身的刹那迅速地旧貌换新颜，当我回过头来，时过境迁矣。它们告诉我，这儿不再是你的记忆，你的记忆，自己在心里收着吧！也就在这时，我明白了，永恒只是个童话。

在离开郴州的那天，当火车缓缓启动的瞬间，世界伏在我耳边悄声告诉我：你回不去了，你这一走，故乡的一切就只能是个梦，一个永远回不去的梦。因为无论是我还是故乡都在变，变得陌生，变得再不是上一秒的一切。

我不是怀旧主义者，不会为那条亲切与破烂同等级别的小路被现代化住宅小区取代而过多地伤感，毕竟生活不是童话，王子和公主说不准最后也会婚变。但只要幸福过一场，也就够了。再说，童话也不一定是最完美的。

如果我能够自己编本童话，我一定会用永恒作序，毕竟永恒永远是人一生中最美妙的梦，但我不奢望永恒，那种梦幻醒来时心会很痛。如果你能在日暮时去看看燃烧自己生命的太阳，感受一下那最后一秒的灿烂给人的震撼。待夜睡去后，再去浩瀚璀璨的星空里遨游，捧一把碎银似的月光。如果你真正开始热爱生命，你的心就将在永恒这个美好的童话中幸福地欢笑！

（十五岁）

DIY 的快乐

“世纪历”翻到了 21 世纪，一切都全然一新了，若有人自诩嗅得到时尚的香味，却还不知 DIY，那他真是孤陋寡闻。DIY 全称“Do it yourself”，意为“自己动手做”。凡事 DIY，快乐自然来。

我是在住进长郡中学宿舍后才领悟到这一真理的。离开了家，一切得靠自己的双手。虽说咱们还是“两耳不闻窗外事，一心只读圣贤书”的共产主义接班人，要管的事不多，但要把自己的事料理得井井有条，对我们这些养尊处优的独生子女来说，还真是个严峻的考验呢！不过幸运的是，我很快就从洗衣服的满桶泡泡里翻出了快乐，从钱包里能对得上数的生活费里找到了快乐。

进校的第一天，我舒服地冲完冷水澡后，提着桶跑到楼梯口开始与脏衣服奋战，在长达二十多分钟的鏖战中，虽有肥皂的鼎力相助，仍累得够呛。尽管最后胜利了，我却沮丧得打不起精神来，二十多分钟哪，我一生都要花在洗衣服上了！幸好“熟能生巧”来帮我解围了。十多分钟，十分钟，最后只需分针在表盘上旋转 60 度，我便可以提着空桶凯旋。每次回寝室，我都满怀成就感。DIY，让我在简单的家务劳动中找到了自信。

上初中时，我的大脑曾一度因睡眠不足反应迟钝，最明显的标志就是一天到晚忙于理财而钱从未对过数。若是多了我倒会欢天喜地，可问题是每天总有几块钱下落不明，以至我总想往学校大门边贴一张“寻钱启示”。来长郡上高中后，我加入了小资产阶级行列，从这时起，历史开始改变：我不仅记得每个时期钱包的含金量，甚至连每周吃了几个苹果几个梨，下周预计突破多少大关都记得一清二楚。三年后我若练成超人的记忆，说不准我会给 FBI（美国联邦调查局）寄份申请函去呢。

DIY，真是件快乐的事。有许多我原以为超出我能力范围、难度系数达到无穷大的事，动手试了试，嘿，上青天有啥难的，想上一样能上！

（十五岁）

寂寞

寂寞的我，在一片寂寞的森林里，用寂寞构筑了一栋小屋。我的生活没有繁华、没有喧闹，有的只是淡泊与恬静。白天，我和书籍大伯谈古论今、海阔天空；夜晚，我和星星月亮开舞会，我们从东边一直舞到遥远的西边。阳光灿烂的日子，我把阳光织成被子盖着，暖暖地睡去；雨丝飞扬的季节，我把雨丝束成风铃挂在屋檐下，让风姐姐的长裙碰得它“叮咚、叮咚”地响。我请画笔为我的寂寞留影，我请文字为我的快乐公证。就这样，时间的小溪悄悄地从我的小屋边绕过……

直到有一天，我被一只翩翩起舞的蝴蝶带出寂寞的森林，闯入了一个陌生的国度。在这片每寸土地都刻着“欢乐”字样的国土里，阳光懒懒地躺在高楼的顶层，随手把灰色的外套扔在地上。在这儿喧哗占据了所有的空间，四处可见“牛皮吹破天”的座谈会、“与人斗其乐无穷”的批斗会、“喧嚣与幻影齐飞”的舞会。但是座谈会上的发言空洞无物、千篇一律，还不如鸟儿们的“扑虫研讨会”那般真切；批斗会上，我真担心一个小火星就会把会场内的空气给点着了，哪还有什么花香的踪影？还有那光怪陆离的舞会，光和影构筑了一个虚幻的世界，让一切旋转……在这个国度里，人人都把甜言蜜语、虚情假意夹在面包里津津有味地吞咽；

在这个国度里，人们相互放完冷箭后又热情拥抱；在这个国度里，人人都有很多朋友，但每个人脸上都分明写着“我很无聊”的字样。我慢慢发觉，这儿的人拥有的只是一颗颗美丽的露珠，在叶片上滚着、晃着，晶莹剔透，把阳光绘成七彩，虽很诱人，却不真切，阳光一来便弥散在空气中了。

渐渐地我意识到，我所拥有的正是他们轻易丢弃后又去苦苦追寻的；他们费劲周折才把我的寂寞朋友驱逐出境，却没发现快乐已随寂寞悄然离去。他们用无聊裹住自己，他们在风光无限的世界里遗失了自己。殊不知，人群散尽才看得见自己的影子，喧哗远去才数得清自己的心跳。

于是，我决心离开这不属于我的国度，回到我的寂寞里。临走时，我再三叮嘱我寂寞生活的两位见证人，让他们把寂寞里裹着的快乐公诸于世。我也希望在未来的某一天，人们会真切地感受到，天长地久的快乐来自寂寞的领地。

（十五岁）

极限

人的思想是很容易形成惯性的，老认为自己如何如何，人为地在潜能的滔滔江水中筑起一道三峡大坝，使之不能纵横驰骋，然后在干涸的河床上进行一番勘探，并呈上一份地质报告称其为“极限”。

曾有个运动员在打破了许多医生预言人的极限是百米/十秒后自言自语道：“原来极限并不存在。”我初听时认为这简直是无稽之谈，若无极限，人和神的沟壑何在？若无极限，又怎会有“奇迹”二字？这个念头一直持续到那一晚。

那是一个普通的夜晚，晚灯昏黄的冷雨夜，繁华都市的天空被霓虹灯光束割得七零八碎、纷杂而迷离。我一头撞进细密的冬雨中，开始在学校血红的跑道上慢跑。刺骨的冷风直扑我的脸，我的呼吸也不很顺畅。我不敢加速，因而也甩不开我的烦恼。如往常一样，我例行公事般跑了两圈正欲离去，“原来极限并不存在。”突然间，这句话蹦蹦跳跳闯进我的思绪。“极限怎么会不存在呢？”我暗自思忖道。我向来认为自己的爆发力不亚于火山喷发，因此我的短跑成绩一直名列前茅，而长跑就简直要我的命。极限？我的极限不就是长跑吗？试试吧，我打定主意，接着跑了下去。又一圈下来，我感觉全身轻飘得如同在飞翔，没有疲倦、没有急促、没有烦恼，全身处在一种原始的空白中。继续！快乐如风！

又一圈、再一圈、再一圈……身上热乎起来了，我脱下了几分钟以前还是命根一样的外套。不识相的晚自习铃声这时悠悠地拉开了唱腔，我噘了噘嘴，旋即又开心地咧嘴傻笑起来。不知不觉中，我轻轻松松拿下了二千四百多米，而且还浑身是劲，斗志昂扬，再跑上千把米都是小菜一碟，这在几分钟前对我来说还如同天方夜谭。

那一晚，我于不经意间拾到的那句真理，我将毕生带在身旁。这之前我看到的许多故事，如十六岁男孩掐死鳄鱼，飞机机械师猛见熊在身后纵身越上两米高的飞机机翼……都告诉我其实人的潜意识中并没有极限的市场。打碎思想的枷锁，才知道思想可以自由飞翔；给自己定下一个远方，极限就会被踏在脚下！

认真地告诉自己：世上本没有极限。这样，一路上会走得更轻松，而就在每一次你自由自在、执着努力时，不经意间，奇迹会来到你的身边向你绽开笑脸。

（十五岁）

无光的月

山里长大的我，突然有一天，牵着月的手，揣着一个梦想来到异国他乡。从那以后，我的生活就像爱丽丝掉进兔子洞——一切都乱了套。白天我像头重脚轻的陀螺；夜晚，我踽踽独行，身后连影子都不见了。我不想被人海淹没，试图爬上岸，但却找不到方向……

对了，好久没见月了，我何不找月叙叙旧，顺便要点灵感？想到这儿，我兴奋不已跑出了门。咦？月呢？月哪儿去了？仿佛就在一刹那间，四面八方的高楼都睁开了眼，明亮而犀利的目光彼此交织在一起，把夜空映得通亮。七彩的灯光把夜色一网打尽，验证了那句“天网恢恢，疏而不漏”的古谚。除了各色的探照灯，街灯也不甘示弱：五彩缤纷的光亮如洪水般从四面八方汹涌泻出，把人群冲得七零八落。色彩斑斓的街道，再加上临街店铺传出的声嘶力竭的流行音乐，最适合跳 hip-pop（街舞）了。

到处都是光，光怪陆离的光，天地间全充斥着这都市的亮色，可月呢？月哪儿去了？

我突然想起畿米的《月亮不见了》。大家都寂寞，月也寂寞。那次看时，我只是一笑而过，仅把它当成一个苦涩的童话。可今夜蓦然想起，我的心却被恐惧攫住了：月！月莫不是出走了？！

我有些害怕了，赶紧加快脚步。我戴上红外线夜视镜，开始捣腾城市每一角落的垃圾桶，又寻遍每一个无灯的拐角。没有，还是没有。月仿佛学起驾鹤西去的古人，硬是没留下一个足印。我又爬上城市的制高点，吹散一片片过往的浮云，终于在灯光昏暗的一隅发现了久违的月。

月见我来，忙扯过几片浮云，把自己裹得像个阿拉伯妇女。她的目光忧郁如水。我眼前又浮现出月在故乡时的身影，那时的她是圣洁的阿弗洛狄特，她的美丽能照亮整个蔚蓝的天空。可陪我来到这繁华的都市后，光彩照人的她却一天天暗淡下去，连年老色衰的美狄亚都赶不上了，伊阿宋已忙着另觅新欢，城市里来去匆匆的行人谁也不屑看她第二眼。月，是我害了你。

“月，近来可好？”我咬了咬嘴唇，终于鼓起勇气打破了沉默。

“……”月低下了头。

“告诉我，好吗？”

“……”月把头埋得更深了。

“月，我们还是朋友吗？”

“我……我已经没有光芒，我还是月吗？！”我看见月眼中闪动的泪光。她的声音颤抖着。

我无言以答，心痛苦地抽搐起来。突然我眼前又闪现出她在故乡时的倩影，我安慰她道：

“不，你还是你，你的美丽只是一时被灯光遮住罢了。”

“是吗？我还是我？”月疑惑地喃喃自语，眼中闪出一道希望的光芒。

“月，我们……我们回家去！”许久，我喊了出来，声音震碎了好几片云。

“真的？！”月惊愕得全身颤抖了一下，身上的云全抖落了。她低头不语。许久，她猛一抬头，触到我无比坚定的目光。她露出苍白的笑，怯生生地把手伸给我。我握紧了她冰凉的手。我不属于这儿！我要回到那贫穷而美丽的故乡，和月一道去圆我最美最美的梦。

我俩并肩走在通往故乡的路上，月的美丽映亮了周围的麦浪，萤火在我前方快乐地舞蹈着，月淡淡的光把我的影子拉得好长、好长……

（十五岁）

小精灵的梦

一片寂静的山谷里，渺无人烟，动物也极少进去。但这儿并不是一个没有生机的世界，这儿，是精灵的国度。纯洁善良的精灵们由天地的灵气、万物的美丽凝聚而成。每一个小精灵都可以自己选择一对翅膀，每个精灵都想飞出山谷拥有全世界的精彩。

小精灵诗诗到了选择翅膀的年龄了。老精灵把各式各样的翅膀在她和她的小伙伴面前一字排开：幸福、快乐、平静、顺利……老精灵最后拿出一对灰色翅膀，对她们说："你们看，这对翅膀叫责任，只有这对翅膀才能帮你们飞出山谷，看到外面世界的精彩。但选择了它你就选择了成长的烦恼、生活的压力和世界的重荷，这些会随着你的成长而日益沉重，直到你完全驾驭了这对翅膀。"有个小精灵指着其他翅膀问道："那些翅膀会给我们带来些什么呢？"老精灵望了望那些花花绿绿的翅膀，叹了口气："那些欢乐的尽头可是苍白啊！"小精灵们不解地眨眨眼睛。

开始选翅膀了，小精灵们争先恐后地抢夺那些"幸福""快乐""平静""顺利"……诗诗皱着眉闪在了一边。霎时间，山谷里满是七彩的翅膀，小精灵们欢唱着在空中展翅飞翔。诗诗走到老精灵身边，举起了灰色的"责任"。"孩子，你想好了吗？"老精灵关切地询问。"是的，我要'责任'助我拥有外面世界的精彩。”诗诗眼里闪烁着坚定。

之后的日子正如老精灵说的一样。每天，被风吹散了的金色的阳光碎碎地洒进山谷，小精灵们透明的美丽的翅膀把阳光折射得更加绚烂多彩，只有诗诗的翅膀上挂不住一丁点灿烂。小精灵们纷纷取笑诗诗那对“责任”的暗淡无光，诗诗浅浅一笑，把讥讽嘲弄甩在身后。小精灵们最爱在夕阳下的小溪畔，笑吟吟地望着水中自己美丽的倩影；而诗诗则躲在自己的小屋里，收拢灰色的翅膀，捧起厚厚的精灵国宝典久久地咀嚼。

花开了又谢，谢了又开。小精灵的翅膀大多像最初时一样薄如蝉翼，她们的生活也如她们的翅膀一样透明、轻盈，没一丁点重量；而诗诗的翅膀却一天天沉重起来，她的目光是那么敏锐，她的心思是那么细密，她的渴望是那么强烈。她揽下了许多爱的劳役，她的翅膀承载了越来越多沉重的思索。每一次负重飞行，她都比上一次更吃力，但她却很开心，因为她知道自己离梦想越来越近了。

这一天的日出格外的晚，但阳光却格外的绚丽。诗诗正躺在屋前的草地上咀嚼着朝霞熊熊燃烧的激情。一束阳光移到了诗诗身上，哇！诗诗的翅膀一下全变了，变得像其他精灵一样透明、轻盈，而那光芒，却是精灵们从未见过的奇异的金色。诗诗动了动翅膀，整个身子便飞了起来，一眨眼就飞越了山谷。啊！外面的世界是何等精彩：那远处绵延的群山披着天蓝色的纱衣，那一望无际的稻浪涌动着金色的梦幻，那森林环绕的湖泊像一颗蓝得醉人的宝石，更远处还有那包容一切的迷人的大海……

（十五岁）

一个人的天堂

夕阳早已坠下
只留下
灰色的余晖
无尽的嘈杂
城市的呼吸
在每一寸土地
潮落潮起

大军逼近
黑压压的云
不知几时会砸向地面
宣泄得铺天盖地

不再被骄阳炙烤的风
吹走最后几分暑气
蓝色的窗帘
奔放地飞舞
窗外的树

含羞地撩起
自己深绿色的新舞裙

我坐在窗边
听着
窗外疲倦的路人
归家的声音
看着
天地间
黄昏浅浅的笑意
候着
天边第一盏明灯
燃起

（十五岁）

和月的邂逅

云海澎湃
浪中升腾起一片月光
唐诗宋词中圣洁的月呵
越过流年的沧桑
将温柔的目光
洒在我的面庞

无数人此刻正仰望苍天
而月只有一双眼
她与我对望
如失散多年的恋人
用目光倾诉思恋

我们用纠缠的目光
绊住时光匆忙的脚步
我们扯来丝丝浮云
就着天幕
绘下这相逢的景象

多想弄停时光这口大笨钟
用刹那写下永远
多想哄夜沉沉睡去
不让朝露
不让晨曦
把它弄醒

可我们
终究离得如此遥远
尽管我们的心
紧紧相连
甚至
我们都逃不过夜风的刁难
它偷偷地把我和月的距离
吹得好远

我仰天长叹
转身正欲离去
谁知脚底的风
撩起远处高楼上
一串风铃的歌唱
明晰而清澈
就像太阳的笑容
月的泪光
“叮叮当当”“叮叮”“当当”……

（十五岁）

两根电线杆的爱情

沿着两道不同轨迹
绘着彼此不同的思绪

纵然再向空中延展
得到的 不过是
更无尽的惆怅

就像盘古在洪荒时代
那沉重的一挥斧
划出了天和地
永恒的别离
它们近近地站着
对望

无法走近
无法依偎
无法取暖
只能一起欣赏

春花　夏草
一起经历
秋雨　冬寒

两条平行线的爱情
和天与地
见证永远

（十六岁）

水光潋滟

江水静谧地
向北淌去
水面跳跃着
无声的火星

钻石般璀璨的火光
漾上浪尖
在变幻无常的水纹间
闪烁

夕阳在水面铺开
一道光明
就像通往伊甸园
宽敞的大路

水光
眩目得迷离
却悄无声息

如旭日东升
如圆月西坠
如春花灿烂

美丽
原本就可如此宁静

（十六岁）

水的飞翔

——题庐山瀑布

曾几何时
它在深山老林
呜咽
如深闺怨妇

但它不甘这样消亡
揣着高飞的梦想
绕开溪石的阻拦
纵使大雾弥漫
还有北极星
为它导航

等到山坡上
道道蜿蜒汇入
它开始听得见自己的脚步
臂膀开始坚实
坚实到可以扛起

孕育惊雷的重担

直到
飞旋的舞步
劈开大山的禁锢
一刹那的飞翔
需要天与地 千年的积攒
灵动的瞬间
定格的永远

（十六岁）

流浪狗

路灯光昏黄
如夕阳的叹息
空荡荡的地下通道口
一只流浪狗
好久 好久
未曾离去

它在澎湃的车潮边
踟蹰
它在漆黑的台阶前
停步
它零乱的步伐
不知在渴望何方
一个再也无法归去的家
还是一个可以蜷缩过今夜的角落

车裹着一身的风呼啸
路人拖着长长的欢笑跑过

它们喧嚣着夜的喧嚣
却无法寂寞夜的寂寞

夜色中
有只小小的狗
在有光芒而无温暖的路灯下
流浪

（十六岁）

流浪

尼罗河静静流淌
无尽
悠长
金字塔前
千年的风沙
谁来开启
尘封的沧桑

天涯海角
那份乡愁似的感伤呵
仿佛冥冥宇宙间
前世的约定
宿命的呼喊

我的灵魂哟
似无根的浮萍
似撒哈拉里
与风儿缠绵的砂粒

在无人的街口
与风儿邂逅
在寂静的山间
朝夕阳挥手

道路的尽头
路灯温柔的目光
照亮我下一段旅途
城市的喧闹繁华
交织出迷离的梦幻
十色五光
却没有什么
可以羁绊住
我已迈出的脚步

因为我明白
在深邃浩瀚的苍穹
无论是过去
如一帖老照片
早已泛黄

还是那尚未露出海平面的
令人期待的远方
每一分每一秒
都让我遐想
而无垠的大地上
每一尺每一寸的召唤
都是我的故乡

（十六岁）

意外

现在，有一片伤痕，正静静躺在我的脸上。我右眼下方的颧骨偏外侧，有一片暗红的美丽的蟹状星云，中间伤得较深处还透着点点淡红，右边额角处还有两道小擦伤，像澎湖列岛与大陆一样，与下方的大片领土遥相呼应。

伤痕来得很突然，一声不吭便闯进我的领土开始了殖民侵略。星期五的下午，很温暖的时刻，女子 4×300 的接力赛场，我站在起跑线上，听见枪响，刚跑了几步，只觉有千斤重物朝我扑来，我眼前顿时天旋地转，身子重重地摔倒在地上。一片混乱中，我只清晰地看到摔碎在地上的眼镜。接着，我爬起来一阵飞奔，然后就什么也不知道了……我只知道我从桌上再抬起头时，一笑，脸颊就很痛，一摸，摸到一片伤，很新很新。此时我脑子里一片混乱，回想刚才发生的事，如同经历了一场噩梦，这突如其来的一切，从哪开始，到哪结束，在我脑中缠成了一团乱麻，让我怎么也理不清。

第二天一起床，我从镜中窥到了一片红，禁不住咧嘴笑了：哇！我成勇士了！我为体育事业挂彩了！看着镜里那片刺眼的伤痕，我笑了笑，沮丧和恐慌被我的笑吓得远远地躲着，半步都不敢靠近来。笑着笑着我突然想到，如果这片伤不是在我而是在另一女生脸上，那女生准会“泪飞顿作倾盆雨”，然后躲在闺房静养十天半月，在学校里一见人也是“犹抱琵琶半遮面”。若真是被伤痕争取到永久居住权，那更会成为一生的伤痛。想到这儿，我笑得更欢了，为了练练胆子，我决定到学校里去潇洒走一回。

人声鼎沸的校园，赛场上的比赛依旧如火如荼。我哼着歌，随意地享受着旁人不时投来的诧异、惋惜、疑惑的目光。“呀！李迷你没事吧！”“还痛吗？”“抢跑道那个人真可恶！”“不会留下疤痕吧？”“好可惜哦。”“不要急，很快会长好的。”面对班上同学热情的询问、真诚的关怀和焦急的牵挂，我倒觉得好笑了：“没事啦，别为我担心，反正在我脸上，我都不急，你们急什么呀？”我这个货真价实的最大受害者倒成了安慰天使，真可笑。这伤痕没些日子怕是不舍得离去了。不过由于我的满不在乎，这次受伤倒会成为我成长历程中一段有趣的回忆。虽然现在脸颊还肿得像个烤面包，同学们也老打趣我因受欺负而缩小了势力范围的右眼，右边脸也会由于痛而抽搐几下，但我心中只留有新奇与自豪的位置。

写到这儿，我突然想起曾多次看到的一句话：“苦难是人生最大的财富。”其实也确是如此，不过只有你征服了它、超越了它，它才会成为你藏宝箱中最有价值的珍宝。记得我在上小学时，几位同学凑在一块儿比谁的伤痕多，一男生因两腿累累伤痕而一举夺魁，我至今还记得大家羡慕的神情。这种看似不可理喻的事情说穿了很简单：伤痕，不仅仅是道难看的疤，它还是勇气的法人代表、阅历的经济顾问、成长的驻外大使。许多人为身上的、心上的伤痕耿耿于怀，甚至抱恨终生，那是因为他们不知道伤痕也是个宝藏，不愿意去发掘难看的土层、岩层下面的财富！

这时，我的脸又隐隐作痛，一次意外竟能教我这么多，我愈发觉得好笑了。

（十六岁）

真爱无悔

“真诚地去爱，就像从来没有受到伤害一样；投入地跳舞，就像没有人在一旁看着你一样，这样不好吗？”不知怎的，萨密斯·柯什尔这番话让我久久不能忘怀，也许这番话是每个都市人想说而不敢说，隐藏在心底最深处的那句。

几年前电视里曾播放过一部风靡一时的日剧《东京爱情故事》，里面那位执着追求幸福的女主角赤名莉香让每个看过这部片子的人终生难忘。她可以用一抹笑，盖过心中的所有痛楚；她可以轻轻一转身，把过往的一切留在身后。她曾在通向自己幸福的路上跌倒，跌得头破血流。自然有人骂她笨，“别人都知道放下包袱，而她却始终背着，还把别人的也背上。”最近看了一篇批评赤名莉香的文章，说她太不珍惜自己，不知道如何让自己免遭伤害。初看时觉得句句有理，可越看越觉得一股酸味儿从字里行间透出来。作者莫非是只小狐狸？

诚然，月有阴晴圆缺，生活在这变幻莫测的万花筒里，受伤害遭风雨在所难免。可久而久之，每个都市人都学会了哭着捂着伤口，学会了躲开风雨，躲开伤害，也躲开了幸福。没法子，谁叫幸福老与伤害形影不离呢？它们那么亲密无间，让人不由得不敬而远之。可谁又能说飞蛾扑火的一瞬间，不是它最幸福的一刹那呢？“朝闻道，夕死可矣”，生命也许就这么容易满足。谁又能说在讥笑甚至伤害那些执着追求自己真爱的人时，自己不是那只说葡萄酸的狐狸呢？

当人们自以为自己的防伤害计划已天衣无缝时，懦弱与逃避悄声而来，人们再不会受伤害了，但再也寻不出幸福的身影，于是生命中有了太多遗憾。让人们不得不在临走前，用一声千万愁思织成的长叹让平淡的往事随风飘逝。

也许这篇洋洋洒洒的拙作我应先来教育自己，酷爱人文科学的我，如今却坐在某省重点中学的理科实验班里，这真是命运赠予我的一个黑色幽默。但我相信我一生都会执着地朝我的理想迈进。“哀莫大于心死”，只要心不死，人永远年轻。一杯白开水似的生命太淡、太淡，品不出多少滋味。要生命精彩，就别让太多遗憾如潮水般把你淹没。肉体上的伤痛，总有淡去的时候；心灵的创伤，也有痊愈的一天。而许多人和事，在生命中只有那么一次，错过了，就像夕阳西坠，第二天东边升起的，已不再是昨日那轮太阳。

勇敢地走向幸福，别让生命太轻，即使心会痛，也别让懊悔的阴云占据你的心。人生太短，拥有真爱的一生才会无怨无悔。

（十六岁）

清醒的梦话

题记：就在朦胧的睡眼前
梦呓般的话语中
混沌的感觉里
时间 如飞鸟
渐行渐远

我百无聊赖地伏在课桌上掷着笔套，清脆的叭哒声在偌大的、空荡的教室中清晰而明澈，如透明的阳光。校园外的车马喧哗隐隐约约飘进教室，和每天傍晚飘进的令人垂涎的食品香气一样若有若无，却愈发令人好奇，只想听个究竟。顽童欢快的嚷嚷、同学匆忙的足音、搬动桌椅时刺耳的摩擦，一切都似乎远在天边，却又真真切切地围绕在身边，空气一般，离得那么近，可永远无法捉摸。

总觉得生命不过是一次一个人的旅行，来也匆匆，去也匆匆。而人与人，不过是偶遇的路人，同行一场终究要各奔东西。没有谁会为谁驻足，因为时间，会动摇你原本坚定的脚步。曾看过一段很美的比喻，说我们都是水中的鱼，聚在一起游来游去，两人离得再近，拥抱自己的却始终是水。是否真如此？人与人是否真的没法紧紧地依偎？我始终疑惑着，就像疑惑天为什么是蓝的，而雪又为什么是白的一样。

更奇怪的是我竟然发现说话有时候也可以成为生命的负累。倒不是信奉古人的金玉良言，什么“沉默是金”，什么“俗耳惊大言，逢人少开口”，而是鲁迅《野草》中的一句话令我有他乡遇故知的感觉：“当我沉默的时候，我觉得充实；我将开口，同时感到空虚。”我因为要与人交谈而时常感到疲惫，更令我悲哀的是我常常不得不忍受这种疲惫。我已习惯了在夕阳西下的黄昏，一个人站在窗前啃苹果，呆望楼下归家的学生三五成群地嬉笑打闹。我已经习惯，甚至飞鸟在云间划出一道弧线，脱手的气球在蓝天的背景下跳动着色彩的刹那，我会喜欢这种感觉。

每晚我都会去操场，跑步、散步或发呆。有那么一晚，没有了阳光的热度，风很冷很凉。月也没在，没有她的温柔，风有些野蛮。他撼着树们纤细的腰肢，要她们为他歌唱。于是树们呜咽着，唱了起来。她们纷飞的泪在风中翻滚，好久，好久，才落到地面上来。风终于有些于心不忍，住了手，可夜色中已是伤感泛滥了。路灯赶忙洒下一片枯黄的光芒，想温暖树们的心房，却愈发清晰地映出了那一片创伤。我站在一旁，看着，如同看一个凄美的童话，心中只有一份惊异和神奇。那一晚，我听见了风的话语，他转身的刹那，若有所思的低吟：天地间，谁都是寂寞的，谁都一样。

是么？若真这样，我又何须顾影自怜。千万人一同走向深渊是不需要多少勇气的，更何况是面对生活。也许生活就是这样，鲜有波澜。就算是燃到绚烂之巅，终究要归于平静。就当这是生命的真谛好了。

信手涂鸦，留下一堆梦话。

（十六岁）

向着阳光走

窗外的夜色已浓得化不开了，房灯的拉线就在椅旁，我依然不想动一下，一任黑暗吞没我。几天前，我与芸芸众生一起挤着独木桥，过了桥的功德圆满，被挤下去的——如我辈，跌得粉身碎骨！“烨烨，小逸来电话问你去不去莽山玩？”妈妈隔门大声问我。“无所谓。”我有气无力地应着。

这天，我和小逸早早走出莽山宾馆想透透气，就见铺天盖地的晨雾向我们涌来。天地间万物都隐去了，除了苍茫。“连路都不愿接纳我们，一早就躲起来了。”小逸叹了口气，一脸茫然地说。我漫不经心地四下望着，反正雾已当了“天地”这本大书的书皮，大过天的洁白封面，内容对于我们而言比《武穆遗书》还神秘。“你觉不觉得我们像幽谷里的小树，阳光在我们的生命中就像山顶的浮云，只能在梦中触摸。”我百无聊赖，大声嚷嚷道，一扭头，小逸送了我一个比莽山苦笋还苦百倍的笑。我俩就这么有一搭没一搭地胡扯着，任由脚把夜游神似的我们引向何方。

不知不觉我们走到了一条小溪旁，也许是它披了轻纱的缘故，我突然觉得这是我生平见过的最美的溪流，麻木了多日的神经竟有了些许颤动。“你来看，这些树真怪！”小逸好久没用过这么有起伏的语调了。我一下子也有些激动，麂子一般窜到他身旁，顺着他的指引，我看见山溪两旁的树木不约而同地向涧中斜着身子，像是踮起了脚尖探出身子期盼着什么。我感觉我的心颤抖了起来，和着溪水叮咚的音律颤抖。我望着小逸年轻的脸，不知是不是因为阳光正忙着弄开谷中浓稠的雾的原因，我发觉他的眸子开始有了光芒。“阳光不会拐弯，对吗？”我问，他若有所思地望着我。

我俩继续漫无目的地逛着。一只小鸟蹦蹦跳跳地在前面带着路，而路已领着我们迈进了浓密的山谷。“到处都长着像我们一样的小树的幽谷。”小逸突然笑了起来，冲我眨了眨眼。我忽然感到铁砣似的心轻了些，我笑了笑开始轻松地向小树同志们行注目礼。就在这时，几株高高的树把我的目光缠住了。那是我打出娘胎以来见过的最丑的树：它们的树干如蛇一般弯弯曲曲，仿佛是求长心切，还没打好墨线就迫不及待地向上窜个儿了。能长成如此畸形，也真要费些功夫呢！旋即我又感到迷惑不解：它们的下端也只是学了比萨斜塔，为何到了十几米就要和蛇比弯了呢？我仔细地推断着它们的过去和未来，霎时间我看见它们的树冠无一例外地冲破了山谷绿色的禁锢！

小逸不知何时站在了我身旁，我俩像两株并肩的树，默默地站着。头顶上的树枝把阳光扯碎了，谷中满地都是碎金，光芒把树们静默的脸都映亮了。我正望着几位丑大哥出神，小逸突然一蹦三尺高，一脸阳光的神采，眼眸里金光闪动，他声音颤抖着对我嚷道：“阳光是真的不会拐弯，而我们呢？！我们小树可以学着拐弯呀！”刹那间盘踞在我们生活中许久的那片乌云被阳光撕开了一个大口子，万道金光一泻而下，将我们的生命照得通亮。我们歇斯底里地在谷中长啸，在路上狂奔，也不顾那长啸会不会招来一群饿狼，演绎现代版“饿狼传奇”。我们曾以为那天坠下万丈深渊时弄丢了全部能量，而此时、此地，我们不仅被大山注入了新的燃料，而且是最好的核燃料，地球上没有的 3He！

也不知奔了多久，路还在我们脚下不知疲倦地延伸着，我们终于筋疲力竭，一屁股坐下（希望没压死莽山的珍稀动植物，尤其是莽山烙铁头）。我一抬头，嗬！又是一个够上排行榜的奇观：那是一小片山中少有的开阔地，地面上密密地挤着些小家伙，而开阔地中央兀立着几根枯木。不知它们的躯体已立了多少年，几十年，还是几百年，也许，它们就这样朝着阳光的方向成为永恒。它们高高地立着，直刺云霄，它们焦黄的色彩为周围的苍翠所不容，也许因此它们周围才是空空的。但是，它们立着，高高地挺立着，或许是依恋阳光的温度，所以才不舍倒下；或许是因为它们曾在太阳的光明上行走，太阳才让它们不朽。

仿佛看穿了我的心思，小逸发话了：“不论怎样，它们走过了更多的岁月，这公平吗？”“‘神龟虽寿，犹有竟时；腾蛇乘雾，终为土灰。'也许天地间的灵气就是那些不朽的魂灵聚成的。也许，曾经拥有阳光，你就能永恒。”“也就是说，无论是留下一个存在过的标志，还是把魂灵溶入天地的馨香中，无论哪一种，都叫永恒。”说完，我俩禁不住大笑起来，两个人小小年纪，只差没背诵“太极生两仪，两仪生四象，四象生八卦”了，弄得哲人一般。

我们走在归途上，望着两旁的生灵，心中感慨万千，每一秒，都有生命在老去，都有生命在逝去。而每一棵还拥有生命的树，无论刮风下雨、天崩地裂，心中的信念只有一个，那就是：向着阳光走！

（十七岁）

李宗元

散文十篇

热爱生命

只要一提起希望，无论是病入膏肓的老人还是绝望潦倒的青年，无论是情伤肠断的女子还是厄运缠身的男人，谁都会眼前一亮心头一振浑身热血沸腾……久而久之，希望渐渐成了现代人生命的救赎和幸福的源泉。

于是，奇妙的现象出现了：

庸医欺骗自己的病人："明天……"

负心汉逃避自己的情人："明天……"

蒙田说过：生之本质在于死，热爱生命的最好方式就是热爱生活，使自己的每一天都过得丰盈饱满。

姑娘寤寐以求期盼着白马王子莅临，小伙没日没夜地想着骤然暴富，人到中年还依旧分分秒秒为名声拼死搏斗，耄耋之人心心念念做着长命百岁的美梦……试问他们的生活能变得丰盈饱满吗？不能！因为希望是对未来的期许，而未来是一种不曾存在的未知。对存在者而言，未来既可能是天堂也可能是地狱。被一种积极的期许哄骗的人，虽然能一时躲避绝望的碾压、获得阿Q似的精神满足，但他却永远无法使自己的生活变得丰盈饱满！

还有一些人深陷在人类情绪与情感的旋涡中无力自拔，他们或陶醉于昔日的甜蜜，整天沉溺在爱的回忆之中；或迷惑于过往的苦涩，整夜被怨恨冲昏了头脑。无论是爱还是恨，他们都迷失在往事的八卦阵中，怎么也走不出来，如同那些活在未来的人一样，他们也远离了眼前当下的现实存在。

沉溺于爱的甜蜜往事的人把爱当成了一种回忆、一种单一的情绪或情感，他们错误地以为爱是可以长期储存永不贬值的黄金。殊不知爱是必须时刻流通的货币，如果你像吝啬金钱一样吝啬你的爱，如果你长久将爱深埋在心底，爱就会变质腐烂，渐渐使你丧失爱的能力。因为爱是行动的能力，爱是生命永恒的动力！

深陷于仇恨旋涡中的人更是荒谬，他们不知道仇恨只是对苦涩过去的一种固恋。仇恨之人将目光定格在昨天，永远走不出往事的阴影。他们错误地以为“恨之深才爱之切”，殊不知恨与爱并非相辅相成的对立面，爱是恨的克星，爱的缺乏是冷漠，恨只是冷漠的一种极端反映罢了。心怀仇恨的人不管仇恨的是社会还是个人，不管他们的仇恨是对还是错，他们只想和过去做一次了断，始终活在过去的恩怨中而没有活在眼前当下！

生命只能在眼前当下展现，希望与回忆都是我们心头的某种幻影，它们绝不能支撑生命的大厦，能够支撑生命大厦的只有眼前当下那鲜活的存在！所以，要想使自己的每一天过得丰盈饱满，我们就必须满怀爱活在当下！

也许有人会说，一个人活在当下的方式很多，想入非非成天做着南柯美梦、忧心忡忡默默实施复仇计划……不同样也是活在当下吗？不！这不是活在当下！活在当下你必须与眼前的事物产生联系，你必须与他物或他人和谐共存而不是使其幻灭或企图毁灭之。梦想与仇恨只能成为生活的点缀，因为它们始终被未来与过去的阴影所遮蔽。只有爱才能将我们引领到生活的灿烂阳光中来，因为爱是时时散发芳香的鲜花，爱是永远传播温暖的火苗，爱是生命的每一次律动。

你的父母不在了，与其长久哀伤还不如"老吾老以及人之老"，只有这样对父母的爱才能永远活在你的心中；你的恋人逝去了，与其独守空房还不如重新去爱恋，因为一个失去爱的能力的人，他（她）过去的爱情也会因此黯然失色……

热爱生命你就必须热爱你的祖国，哪怕她正处在水深火热之中；热爱生命你就必须热爱你的故土，哪怕它正毒雾弥漫满目疮痍；热爱生命你就必须热爱你的人民，哪怕他们有这样那样的人性弱点。因为爱是生命之源，是我们活在眼前当下唯一的明证！

每一个真正热爱生命的人首先就要爱眼前当下的生活，爱生活的每一分、每一秒，爱你面对的一草一木，爱你邂逅的每一个男女老少，因为生活的真谛就是满怀爱活在当下！

文人的风骨

文人——这个代表知识、良心、民族脊梁而让无数国人引以为荣的熠熠闪光的名字，曾几何时，已经渐渐变成一个令人纠结尴尬、让人正邪莫辨的模糊概念！

“文人”一词最早出现在《诗经》《大雅·江汉》：“厘尔圭瓒，秬鬯一卣，告于文人，锡山土田。”据《诗经·毛传》解释：“文人，文德之人也。”我国历史上的文人通常指那些有操守有德行的文学家艺术家，如屈原、李白、杜甫、韩愈、柳宗元、欧阳修、郑板桥等，他们具有独立人格，具有道德勇气和社会良知；他们不惧强暴，敢于对社会丑恶现象说“不”；他们清高孤傲、淡泊明志、风骨凛然。他们其实就是现代西方人尊称的可敬可爱的“知识分子”。

萨义德说：“真正的知识分子在受到形而上的热情以及正义、真理的超然无私的原则感召时，斥责腐败、保卫弱者、反抗不完美的或压迫的权威，这才是他们的本色。”“我一向觉得知识分子扮演的应该是质疑，而不是顾问的角色，对于权威与传统应该质疑，甚至以怀疑的眼光看待。”

毫无疑义，知识分子应该是人类普世价值的勇敢捍卫者，是理性、自由、公平、正义的忠实维护者。他们必须具有独立性和批判精神，必须肩负起批判现实、鞭挞丑恶、歌颂真善美的社会职责，必须敢于对强权说真话，成为不折不扣的“社会良心”。只有这样他们才能创作出让人百读不厌的传世之作。

早在一千多年前刘勰在《文心雕龙》中就对“为文之道”有过极其精辟的论述：“怊怅述情，必始乎风；沉吟铺辞，莫先于骨。故辞之待骨，如体之树骸；情之含风，犹形之包气。结言端直，则文骨成焉；意气骏爽，则文风清焉。”

毫无疑问，一个读书人要想成为可敬可爱的知识分子非得有风骨不可，然而文人的风骨究竟是什么？高风亮节的文人究竟应该具备哪些品质呢?

风骨凛然的文人首先必须具有不惧强暴不为五斗米折腰的铮铮骨气。骨气是自爱自尊的产物，是身为万物之灵的人类不可或缺的要素。有骨气的文人甘守清贫与寂寞，“不为繁华易素心”；他们“手持一枝菊，调笑两千石”“富贵不能淫，贫贱不能移，威武不能屈”。

风骨奇伟的文人还需具备“杀身成仁”“宁为玉碎不为瓦全”的志气。志气是他爱的产物，是一个人迈向崇高的起点。有志气的文人“位卑未敢忘忧国”“我以我血荐轩辕”，他们“先天下之忧而忧，后天下之乐而乐！”“亦余心之所善兮，虽九死其犹未悔”！

风骨超凡的文人必须具备的第三个要素是浩然之气。浩然之气由深邃的思想与广博的情怀孕育而成，是一个读书人所能达到的最高境界。有浩然之气的文人放眼宇宙俯瞰生死，“笼天地于形内，挫万物于笔端”，他们“寂然凝虑，思接千载；悄然动容，视通万里”“一点浩然气，千里快哉风”“人生自古谁无死，留取丹心照汗青”。

文字的首要功能是传播爱，书籍的首要功能是载道解惑传递文明密码。那些一心想通过文字争权夺利、扬名后世的人实在异想天开，他们不知道人的名字只是一个虚无空洞的符号，在人的短暂生命永久消失的那一刻，名声也会如同五彩斑斓的肥皂泡一般瞬间破灭，未来的褒贬赞毁统统是后人茶余饭后的消遣，与他真实的生命毫不相干。

风骨之于文人犹如脊梁之于人，没有风骨之人纵然飞黄腾达依旧屈膝卑躬；风骨之于文章犹如重量之于黄金，没有风骨之文章纵使金光灿烂依旧分文不值！

拒绝思想的诗人

有一种诗人仇恨思想到了不共戴天的地步，他们公然宣称要对“新诗”大动干戈——“抽空思想”。如果他们仅仅因为鄙视那些图解政治概念的口号诗和吹捧达官贵人的马屁诗，我倒十分赞赏这种叛逆精神，只可惜他们是在还没弄清思想为何物之前便盲目对思想展开口诛笔伐，他们不知道编写“口号诗”和“马屁诗”的人其实根本就不会思想！正因其不愿也不肯思想，所以才会鹦鹉学舌般吟诵一些毫无艺术感染力的伪诗！

何谓思想？思想是思想者本人思维活动的过程、方式与结果，思想是流动的，是动与静的结合。思想一旦形成文字便成了概念与教条，对已有概念与教条的复述与图解只能证明你在学习与宣扬他人的思想，却不能称“你在思想”，而所有原创作品的第一要件便是：文章中必须得有“你的思想”！

思想是你对世界的认识和对生活的感悟，是你的价值判断与情感取向，思想是个性的基石，是语言文字的灵魂！停止了思想的人，只会人云亦云不断重复他人的思想，只会亦步亦趋遵照他人的指令机械地行文行事。

思想是自由的，绝不受他人的控制；思想是无畏的，绝不为世俗利益所左右！思想是一个人像人一样活着的基石，是一个人活得像人一样的实证！

那么人类是怎样展开与展现各自迥异的思想的呢？或者说人类是怎样思考世界与自身以及怎样把自己的思考对他人进行表述的呢？

在文字尚未诞生以前，毫无疑义靠的是形象思维——图画与音乐。随着人类精神世界日益拓展，随着人类思维方式与思想成果日益丰富，语言诞生了，逻辑思维（抽象的理论思维）也随即出现，于是对思想的展开与展现便有了两种不同的思维方式——形象思维与逻辑思维。

逻辑思维是凭借概念、原理以及逻辑规则靠语言进行的一种思维活动，表述的是人类意识层面的东西。形象思维则凭借语言、声音、色彩等手段赋予事物以形象来传递我们内在的认识与感受，形象思维在传递意识的同时还兼顾传递潜意识层面的东西。

逻辑思维和形象思维虽然彼此迥异各行其是，但在人类思想形成的过程中又彼此渗透互为因果，没有谁能单凭它们中的一种而攀登科学与艺术的高峰，它们就像人类的左右腿缺一不可。科学家哲学家离开了形象思维，他们的自由创造力会大大减弱，他们的文字也会变得枯燥乏味了无情趣，乃至于无人愿意拜读；文学家艺术家离开了逻辑思维便很难形成自己独特的艺术风格，他们塑造的艺术形象也会因此变得支离破碎无法构成完整的意境。

形象思维是用语言、声音、色彩通过一定的形式与手段对具体形象的描述与创造，通过形象思维创造出来的形象不同于自然界原有的形象，因为在加工过程中掺入了作者的认识、情绪与感受。通过艺术形象我们可以真切地感受到作者的价值判断、审美趣味以及情感与情绪的波动，感受到作者的愿望与期待。

文学艺术以形象思维为主，艺术家通过典型化的意象来表达独自的认识与感受，因此形象思维也叫艺术思维。文学艺术的思想性指的是那些除文学艺术表现手法之外的东西，也就是作者用技巧想要表达的东西。艺术必须以人为目的，如果艺术以自身为目的，就会沦为游戏而失去存在的价值。所以罗丹说“真正的艺术是忽视艺术的”，歌德也说“艺术的真正职责就在于帮助人认识到心灵的最高旨趣”。为艺术的艺术之所以没有出路，就在于它丢弃了艺术赖以生存的根本！

思想不仅仅是用语言文字表述出来的概念与判断，而是思想者本人思维活动的过程、方式与结果。逻辑思维通过语言文字表达人类清醒的意识，形象思维则通过意象展现作者思想的全过程，包括那些隐藏在黑暗的潜意识中的无法用语言文字表述的东西。

因此离开了思想性，离开了作者的价值判断和情感取向，离开了作者对真善美的不倦探索，文学艺术就会变成无聊文人进行精神自慰的可怜道具！况且人类是通过思想彼此沟通的，失去思想性的标尺，别人无法与你沟通，你最终只能带着那自以为是的可怜道具归于虚无。

诗是诗人用文字绘出的图画、用语言奏响的音乐，是诗人通过回忆、联想、想象，用夸张、比喻、象征、通感等表现手法揉成意象来表现自己“思维活动的过程、方式与结果”。亚里士多德认为“心灵没有意象就永远不能思考”，诗人正是用丰富多彩的意象于不知不觉中将读者引入他精心构筑的意境中去的。

意境是诗人对社会现象和自然现象感受后产生的一种情怀与心境，是光怪陆离的外部世界通过诗人心灵的改造萌生的新境界，是诗人五彩缤纷的心灵之光投射到外部世界后闪现出的新景象。艺术意境本质上是一种心理现象，是人类心灵的生命律动，它必须反映作者对世界的认识与观照，必须反映作者对人性透视的力度与深度。

如果“抽空思想”，如果丢开思想性这杆标尺，诗剩下的便只有形式与技巧，请问人类还能怎样评判诗的优劣？离开了思想性，任何一种形式与技巧都可能成为举世无双的“杰作”！别林斯基说“诗的本质就是给不具形的思想以生动的、感性的、美丽的形象”，陆游所谓“尔果欲学诗，功夫在诗外”，正是对诗的思想性的肯定与重视。

诗如果不能表达作者对世界直觉的观察、对世事强烈的爱憎、对人生深刻的感悟、对生活独特的沉思，诗还靠什么去打动人心？失去了“思想”的灵魂，那空洞的形式和干瘪的技巧还能称作诗吗？！

不会思想的“口号诗人”“马屁诗人”既可怜又可悲，那是一群从没迈进过艺术殿堂的伪诗人，他们根本不知灵感为何物！拒绝思想的诗人比起那些伪诗人来可就幸运多了，因为他们毕竟得到过缪斯的祝福、沐浴过灵感的洗礼、品尝过诗的玉液琼浆；然而拒绝思想的诗人又是不幸的，他们迷失在诗的荒原，沉沦于“为艺术而艺术”的泥沼！

因为拒绝思想，他们失去了生活的目标与激情，成天埋头于对形式与技巧的苦苦挖掘；因为拒绝思想，他们无法与常人沟通，三三两两偏安一隅，彼此吹捧、相互著名；因为拒绝思想，他们的诗作除了技巧还是技巧，彼此间的应酬也语不成句、阴阳怪气、要死不活；因为拒绝思想，他们变得孤僻怪异，将所有人斥之诗盲、鸟人，整天陶醉在“天下第一”的幻梦中……

拒绝思想的诗人将写诗当成一门技术，技术容易过时，因此他们轻视所有过往的诗人。他们说得最多的话是：“你还崇拜屈原、李白、普希金、泰戈尔呀？他们早过时了！”“你还这样写诗呀？这种写法早过时了！”他们甚至不屑于读除诗以外的所有文章，更别说伟大思想家的巨著了，他们以为所有的思想都是诗人的克星。他们以诗为圣，以诗自娱，欣欣然如庄子笔下的井蛙：“吾乐与！出跳梁乎井干之上，入休乎缺甃之崖；赴水则接腋持颐，蹶泥则没足灭跗。还虾、蟹与蝌斗，莫吾能若也！且夫擅一壑之水，而跨跱埳井之乐，此亦至矣。夫子奚不时来入观乎？”

拒绝思想的诗人把技巧看得高于一切，从而失去了对自然、对生命、对崇高、对真善美的敬畏。道德之高尚、人性之伟大在他们眼中分文不值，他们整天惦念着如何写出绝世佳句流芳百世。他们视政治如深壑，避之唯恐不及，对敢于用诗歌鞭挞丑恶讴歌正义的诗人嗤之以鼻。友谊、爱情、崇高的献身精神对他们来说全属成名路上的绊脚石，什么信仰、理想，什么真理、正义，统统成了他们嘲弄的对象！丢弃了思想标尺的他们，个个自诩为独一无二的天才诗人！他们不再需要感动和批评，他们需要的只是人们对他们作品的俯首帖耳顶礼膜拜！

欲说还休话美人

有种女人第一眼就会让你震撼，你会呆呆地看着她，情不自禁地发出一声惊叹，你惊异于大自然的鬼斧神工，你感叹上天赐予你如此美妙绝伦的图画，你会小心翼翼地将她藏进记忆的相册，不时翻出来看看，打发一下无聊而沉闷的时光。

还有一种女人，蓦然相见会使你产生一种似曾相识的感觉，你仿佛觉得你们已经相知相识了好几个世纪，是岁月沧桑使你们劳燕分飞天各一方。她也许没有第一种女人那么轻盈靓丽，但她浑身散发出来的幽雅和柔媚令你怦然心动，使你如沐春风。你会在心里一遍又一遍地欢呼：是她！是她！她就是我苦苦寻觅的恋人！呵！那一低头的温柔，那水莲花似的娇羞，那含情脉脉的回眸，那令人难分难解的叹息，那意蕴无穷的颦眉，那神秘莫测的微笑，那温婉、那娴静、那端庄……假如你还未婚，你会在万分之一秒的瞬间把她选作你的终身伴侣；假如你已有妻室，你也会踌躇再三从心灵深处萌生一种渴望，渴望今生今世能与她轰轰烈烈地爱一场。

如果我们把第一种女人称为天生尤物，那第二种女人无疑就是人间极品。前者天生丽质、妖艳轻佻、举世罕见，但正因为上天对她们过于慷慨，她们便忽视了人间的修炼，像妲己、褒姒，她们只能激起男人性的饥渴，结果成了红颜祸水、倾国倾城。后一种女人则不同，她们的魅力一半天生一半来自人世的修为。《一千零一夜》中有位落难佳人被拐卖到一座海岛上当妓女，时隔不久人们惊异地发现：岛上的骄奢淫逸之风已日渐消弭，因为每一位见过那位佳人的男子都已回到妻子身边，改邪归正，不再寻花问柳——他们被她外表的美所吸引，又为她内在的美所感化。这种天设地造的女人才是人间最美的女人，是男人永远的梦寐。她们的存在验证了那句“人不是因为美才可爱，乃是因为可爱才美”的古老民谚。

随着社会文明的脚步越走越远，人们对美的要求也越来越高、越来越苛刻，尤其在人类能够巧夺天工成批生产人造美女的今天。然而正因如此，外表美所占的比例便日渐缩小，心灵美日益成为普通男士的首选。其实对那些翩若惊鸿、婉若游龙的美人，李渔早在《闲情偶寄》中就这么写过“媚态之于人身，犹火之有焰、灯之有光、珠贝金银之有宝色”，他所言之媚态正是女性心灵美透过她们的音容笑貌展示出来的一种无法言说的女人味。也正是这种无法言说的女人味使每位拥有她的女人百媚千娇、风情万种、楚楚动人，让每一位遇见她们的男士心动、心疼、心醉、心驰神往，让他们心甘情愿为之赴汤蹈火、梦断魂消。

俗话说，“男人通过征服世界征服女人、女人通过征服男人征服世界”，那是因为男人是通过爱世界而爱女人的，女人则是通过爱男人才爱世界的。因此男人的爱理性、刚毅而广博，女人的爱感性、柔媚而坚贞。世界由男人和女人共同组成，缺一不可，真正造就男人的是女人，真正造就女人的是男人。缺少女人之爱的男人会变得粗俗、野蛮、薄情寡义，缺少男人之爱的女人会变得肤浅、冷漠、矫揉造作。我们常常会犯这样一个错误，以为最了解我们的人是我们自己，其实恰恰相反，最了解男人的是女人，最了解女人的是男人，因为我们都是生活在对方的关照中，只有在与异性的交往时我们的本性才会最大限度展现出来，这也是爱情之所以会世世代代被人向往、追求、歌颂的根本原因。正是基于这种认识，我才敢像李渔那样对女人品头论足，但愿我的闲聊不会引来红颜佳丽纤纤玉手的群殴，但愿我的分析能给女同胞们带来一丝启迪。

对于美人的标准，其实不单是男人，每一位女士也心知肚明，但因为骄傲，她们只愿在第一种女人面前甘拜下风，却不肯在第二种女人面前服输，不过在征婚启事上谁都会大言不惭地贴上“温柔贤惠”的标签。对那些有客观标准能用仪器检测的外表美，人类从来没有像今天这么众口一致，然而外表美又是那么短暂、那么呆滞、那么不堪一击！乃至于单纯的外表美简直成了对美的亵渎！真正的美人必须是灵与肉的完美结合，必须有一颗金子般的心，只有这种女人才能让所有的男人销魂。可是内在美是难以言说的，“口之所能言者，物也，非尤物也”，古往今来的诗人骚客能说清的只有美人的外貌和形体，很少有人能说清使女人真正动人的真正原因。于是有人用“媚态”名之，有人称其“女人味”，新新人类还为之取了一个最大胆最前卫的名字“闷骚”，当然人们用得最多的还是“温柔”。下面我想用思想这根神奇的手指轻轻掀开遮掩着女性心灵的那一层层帷幕，探究一下“温柔”的奥秘。

一位真正的美人首先要具备的内在素质是善良。善良是人性的基石，人类所有的美德都建构在这块基石上。由于善良，同情与宽容才有立足之地；由于善良，仇恨与偏执才会退避三舍。女人善良的心就像一片纯净的绿地，是男人狂野心灵最好的眠床，能给每一个男人带来无限的安宁、温馨与梦想。不过善良女人虽然自身纯洁无瑕，纤尘不染，却不能使接近她的男人同样远离罪恶。单单只具有善良品质的女人往往十分软弱，她们会不分青红皂白地容忍和宽恕男人的一切，从而把圣洁的宽容变成姑息养奸。因此，温柔女人还需具备另一个元素——正直。

正直之人对善恶明察秋毫，并且嫉恶如仇，绝不会因为一时心软而纵容犯罪。善良而又正直的女人是男人的良师益友，她们像优秀的驯马师一样知道怎样调教刚烈的男人，她们绝不会让自己的爱像黄河一般泛滥，而是像高山的泉水那样，既给男人足够的抚慰，又能细水长流、不卑不亢。世事皆有度，正直也不例外，过于正直的女人凡事坚持原则，久而久之会渐渐男性化，从而失去女性的柔情。她们可以成为驰骋政坛与商场的女强人，却不再可能成为征服男人的绝代佳人。因此，平和便成了温柔贤惠的美人的第三个重要标志。

平和不是一种普通的品质，平和是一种境界。真正能够做到心境平和的女子才会具有女性特有的柔媚，那种柔媚像习习春风能消弭所有男子胸中的无名怒火，像涓涓暖流能融化所有男士心底的层层块垒。平和的女子有对世事深透的洞察、有对人生深远的领悟、有对人性深切的同情，正因如此她们才会那么善解人意，才能做到柔情似水、才能以柔克刚。她们不会像渴望权力与金钱的铁娘子那般成天在竞技场上和男人一样摸爬滚打，也不会像渴望一夜成名的美女作家那般整日无病呻吟，她们孝敬公婆、相夫教子、善待乡邻，用无尽的温柔把自己锻造成人见人爱的人间天使。然而平和也有平和的软肋，太平和的人日久天长会渐趋平淡，甚至慢慢失去生命的活力与激情，因此，极品女人还需具备最后一个要素——性感！

提到性感我们总会不由自主地将它同性交、性欲联系在一起，其实这是对性感的最大歪曲！“性感”同“性灵”一词倒比较接近，性感是女人性特征的标志，是生命活力与激情的体现，是女性生理与心理健康的共同展露，是灵与肉交会时迸发出来的奇异的灵光！世间万物都有其独特之处，就是这种独特之处才使它区别于它物而成为它自己。性感正是女人的专利，是女人之所以为女人的铁证！性感女人不同于轻浮女子，她展现的不仅仅是外表美，还有更深沉的内在美；性感女人也不同于妖娆女子，她不单单把男人引向性，还能激起男人更多更高的生存欲望。性感女人动若流风回雪，静若浮云蔽月；一扬眉春色撩人，一回眸流光溢彩、一启唇暗香袭人、一低头柔情似水。

心灵的美必须透过肉体得以显现，必须通过人的一言一行、一举一动、一颦一笑得以表露，否则那种美就是虚无、是我们一厢情愿的幻觉。美和爱一样不是可以长存心底永不贬值的珍宝，她们都需要展现、需要流通，性感正是女性爱与美的表露。因此性感的女人才会显得那么风姿绰约、仪态万方、楚楚动人，才会让男人一见便心旷神怡、心花怒放、念念不忘。

综上所述，一个女人如果同时具备了善良、正直、平和、性感这四个条件，即使相貌平平也能妩媚动人，甚至比那些天姿国色的“美女”更能博得男士的青睐，因为她有女性征服男人的绝妙武器——温柔、媚态、女人味、闷骚。一个真正完美的女人，在她爱的男人心中可以同时兼有母亲、妻子、情人、红颜知己多种角色，可以让爱她的男人终身爱意绵绵、至死不渝。

看到这里也许有人会柳眉倒竖、凤眼圆睁地厉声打断我："说了这么多，我还是一头雾水，废话少说，你告诉我究竟该怎么做！"对不起，尊敬的女士，我能对虚幻的精神世界说三道四，却无法把直观到的物质世界描述得清清楚楚明明白白；我能展示人类意识的风采，却无法揭开人类潜意识的奥秘。每一朵花都是独一无二的，每一种美都不可复制、无法模仿，每一位美人都是一道永恒的谜。如果我叫你东施效颦，到时你不把我撕成碎片才怪！不过请别着急，你只须跟爱前行，因为爱是人世间最好的美容师，她会引领你从平凡走向完美；你只须在修饰肉体的同时也打扮一下自己的灵魂，要知道温柔与媚态能给冰冷的雕塑无穷的活力，能使呆滞的画像栩栩如生、热力四射，更何况是你！我相信只要你真诚热烈地去爱，即使不能成为世界小姐也能成为美极一方、人人敬仰的班花、村花、市花。

在男人眼里，美人是世间最美的风景；在男人心中，爱人是世上最美的美人。你们也真诚热烈地去爱吧，我的男同胞！不要辜负了大好春光，不要辜负了美人的顾盼！美无处不在，缺少的只是发现的目光，而只有爱才能使你拥有一双慧眼。但愿每一位男士都能找到自己心仪的另一半，但愿你的维纳斯能赐你无尽的快乐、温馨与甜美。

谈剩女

秋高气爽时节两位男士去野外寻芳，在一条野菊盛开的小径前，他们打赌看谁能够摘取花魁，规则是每人只有一次机会。第一位男士走完大半程后扬扬得意地采下一朵硕大的金蕊，后来发现并非花魁时懊恼不已；第二位男士挑三拣四游移不定，走完全程竟然空手而归……这个故事对当今的剩女们或许会有些许启迪。

不知从什么时候开始，我们身边的剩女渐渐多了起来，有人还别出心裁地为她们取了绰号：28 岁叫圣斗士，30 岁称必胜客，35 岁唤斗战胜佛，40 岁尊为齐天大圣。

望着那些风姿绰约气质非凡的剩女，男士们感慨万千唏嘘不已，他们精心研究后发现神态各异的剩女们心态也异彩纷呈：有“好马不吃回头草”的执拗，有“除却巫山不是云”的无奈，有“宁为玉碎不为瓦全”的悲壮，还有“拣尽寒枝不肯栖”的坚守……于是男士们怀着同情与关爱，一一列出剩女之所以剩下的种种原因：

1. 矫情自负挑拣过头。

2. 三心二意计算失误。

3. 性格内向不善表达。

4. 好高骛远不切实际……

剩女们何以剩下？我以为上面故事中第二位男士的遭遇与她们颇有几分相似。仔细想想你会发现两位男士的败北有一个共同点，那就是他们都在挑选配偶前预先设定了一个评判标准，就像当今有些世俗男女盛行将“白富美”“高富帅”当成最高标准一样。很多人在择偶问题上总喜欢将婚姻与爱情混为一谈，其实婚姻有世俗的统一标准，爱情却没有。在现实生活中，因为利益而结合或者为结婚而结婚的人毕竟是少数，为爱情——无论是传奇般非凡的爱情还是亲情般平淡的爱情——而结婚的才是主流。所以上面男士们总结的原因统统都是表象，剩女之所以剩下的真正原因是她们对爱情的认识产生了偏差与误解，而这一切又都是由于她们过于自恋所致。

在爱情王国里到底有没有统一的选美标准呢？我的回答坚定不移：没有，绝对没有！任何一桩由爱情缔结的美满婚姻，毫无疑义都是双方心灵的结合，心灵美的标准不同于金钱地位相貌才华有一个客观标准可以衡量，恋人们相爱不是因为对方多美多富多有才，而是因为对方在自己面前展现出来的人性美。

大家都以为“情人眼里出西施”是爱情使恋人失去了判断力，

真实情况并非如此，而是因为相恋之人看到了对方那些不为外人所知的美丽。真正相爱的人不仅仅只在相互了解，他们同时也在彼此塑造。在真正相爱的人面前，一个人不但会展现自己已有的东西，还会创造许多没有的东西。对爱情国的公民来说，不是他（她）在选择爱情而是爱情在选择他（她）——爱上谁的时候一个人是无法选择的，想要结束那场爱情时同样也没有选择的余地。

明白了爱情没有统一标准后，我们再来看何以自恋会使一个人对爱情的认识产生偏差与误解。

爱情由自爱和他爱组成，自爱是爱情的基础，一个自轻自贱毫不自爱的女人不可能获得男人的爱，因为她根本不是一个独立自主的个体，然而自爱过了头也会成为爱情的障碍。自恋者就像一个满溢的杯子，她对自己的爱已经将杯子塞得满满的，再也容不下自己对他人的爱，而没有了他爱，爱情也就不复存在了。人人都有爱与被爱的欲求，但不是每个人都明白它们之间的因果关系：人是因为爱人才被人爱的，而不是因为被人爱才爱人，一个人一旦丧失爱他人的能力，也就丧失了被他人爱的可能性。

上天赋予男人女人不同的身体构造和内在禀赋，是为了让他和她彼此融合相互缔造，而过于自恋的女人以为离开男人自己同样也能自我完善自我成就，殊不知这是违背上天旨意与自然规律的，其结果只能是竹篮打水一场空。女人有两种途径可以使自己成为真正魅力四射的女人：一是在对孩子的无私奉献中感悟到爱的真谛，一是在和男人的热恋中体验到爱的甜蜜与惊喜。除此以外的所有努力都是枉然，因为一个不懂爱的女人既不懂自身也不懂世界，哪怕她学的东西再多也于事无补。

自恋的女人往往以为自我价值可以凭借自我修炼获得，她不知道自我修炼获得的只是自我价值的可能性——自我完善而已，自我完善倘不与他人发生联系永远不可能变成真正的人生价值，因为人的价值不能由我们自身决定，而必须由他人赋予，如果关门修炼闭门造车就能使一个人价值连城，岂不咄咄怪事？自恋的女人还会把个人的才能与修为当成美德，甚至把“没有恶习”也当成美德，她不知道美德首先是被人需要！一个人再“完美”，如果不能给他人带来快乐与慰藉，那种“完人”在他人眼中完完全全是多余的、是虚无！

追求完美是自恋的产物而不是真爱的产物，因为真爱的对象是生活中并不完美的真实存在，自恋者爱的完美对象则是生活中根本不存在的。从表面看来自恋之人渴望自己以及自己爱的对象日臻完美是一种崇高的追求，但实际上主宰自恋者灵魂的却是以自我为中心的俗不可耐的私欲，全心全意地爱上一位异性恰恰是一个人摆脱私欲，从自恋转向他恋的最佳途径。自恋虽然不像仇恨那样对他人具有破坏性，但对自身的毒害却不容小觑。它像一种芬芳而致命的迷香，会令一个人在自我欣赏自我陶醉中不知不觉窒息身亡。

过于自恋的女人常常喋喋不休地抱怨：“不是我不想嫁人，是找不到值得我爱的男人！”她们不知道在可能的范围内选择爱的对象才是现实和明智的，如果今生今世找不到爱的对象，那不是世界的错，而是因为自己丧失了爱的激情！如果一个人爱的对象不在眼前当下而在遥远的未来，那不能证明她有多高雅多完美，只能证明她多盲目多荒谬。健康高尚的爱情是没有条件的，不会因为爱的对象不够英俊潇洒而打折扣，也不会因为对方性格不够完美而贬值，过于挑剔爱的对象，不是虚荣心作怪就是性心理出了问题。

身陷自恋魔沼的女人还会信誓旦旦地炫耀：“我绝不砍断爱情的圣帆随波逐流！”她们始终怀抱少女时代懵懂的幻想，沉浸在初恋的美好回忆中。她们不知道爱并非可以长存心底永不贬值的珍宝，爱是需要流通的货币，一个丧失了爱的能力的人，她过去的爱情也会因此黯然失色的。如果她还以此来炫耀自己品味高雅、忠于爱情则会贻笑大方，因为那种异想天开不过是在掩盖自己爱的无能罢了。

自恋能够产生冲动却产生不了激情，激情是我们的目光转向外部事物、爱他人或他物时才能萌生的一种生命力的喷发。像单恋一样，自恋也是一种永无回报的单相思。我们说单恋是病态的，那是因为单恋之人从始至终爱的都是自己虚构与臆想的对象。自恋之人不知道，爱不仅仅是一种感觉，更是一种能力，一种能让自己爱的对象获益的能力。健康成熟的恋人不会只关注自我的想象与体验，还会时时关注对方的感受，那些只顾自我情感发泄不管对方感受的人是永远长不大的自恋的婴儿。爱自己心目中的白马王子只是爱情的幻象而非爱情本身，只有脱离自我的想象真真实实爱上对方才能感受到爱情的无穷魅力，否则你爱的永远只是自己的爱、自己的梦幻，你越沉迷于这种精神自慰便越远离真实的爱情。

每一位身心健康的女人都不会排斥异性对自己从灵魂到肉体的爱恋，但过于自恋的女人会将男人对自己肉体的爱恋当成一种侮辱，她们整日整夜梦想着自己的爱情超凡脱俗，梦想着让自己神圣的精神彻底摆脱肉欲的桎梏。她们固执地将美妙的性爱分割成神圣而高贵的“爱”和低俗而猥琐的“性”，结果使原本现实而甜蜜的爱情成了可望而不可即的镜中花水中月。像长期性压抑容易导致性功能丧失一样，长久没有爱的生活也会使人渐渐丧失爱的能力，从而让自己沦为一个没有爱的欲望、激情与冲动的冷漠的多余人。

上天给过于自恋的女人的最大惩罚是：她无法享受爱的甜蜜

与性的极乐，只能沮丧地徘徊在爱情门外，凄然地眺望园内旖旎的风光、聆听园内欢快的笑声……

在单身贵族风靡一时的当下，男士们大可不必对剩女现象谈虎色变。在今天一个人是否结婚无关紧要，离婚随时可以将貌似神圣的婚姻击得粉碎。剩女们要牢记在心的是：千万不能像吝啬金钱一样吝啬你的爱，因为将爱长久积压在心底，不但不会使之升值反而会使自己渐渐丧失爱的能力。爱是需要反复演习的，没有爱的行动，爱的目的终将变成毫无意义的空谈！只要爱心不泯，当一名剩女并不可怕，你既可以像波伏娃那样成为让当今男士永远惊叹的剩女精英，也可以像特洛莎嬷嬷那样成为万世景仰的女神。

谈无知

很久很久以前，我曾经做过一个梦：

……知识和无知从小形影不离亲密无间，就在他们渐渐声名远播时，知识开始抱怨起无知来：

“你如此沉默低调，实在有损我们的光辉形象，你就不能像我一样昂首挺胸睥睨万物吗？”

听到知识的抱怨，无知依旧低着头一声不吭。无知的沉默让知识怒不可遏，冷嘲热讽顿时像雨点般朝无知袭来。终于有一天，无知再也忍受不了知识的奚落，默默地黯然离去。

无知离开以后，知识并没有欣慰多久。他看到天底下万物都有各自的影子，唯独自己孤零零孑然一身，不由得心惊肉跳惶恐万分。这时他猛然发现自己曾经取得的每一点成绩都离不开无知的默默奉献，这一发现更让他懊悔不已。于是他暗暗下定决心，无论走遍天涯海角，也要拼尽全力找到无知。

此时他已经深深明白一个道理：没有无知，知识之花开得再绚烂也无济于事，因为无知和知识都是智慧之树不可或缺的部分，离开了无知之根，智慧之树顷刻间就会枯萎凋零……

无知是知识的起点，知识却不是无知的终结，因为一个人的知识越多他面临的无知也越多，所以一个人唯有老老实实承认自己的无知，才能永保对大自然和真理的敬畏，从而源源不断获取更多的知识，否则他很可能聪明反被聪明误，沦为有学问的无知傻瓜。

这个浅显的道理我们聪慧的先人几千年前就知道了，老子云："知不知上，不知知病。夫唯病病，是以不病。圣人不病，以其病病。夫唯病病，是以不病。"孔子曰："知之为知之，不知为不知，是知也。"庄子道："故知止其所不知，至矣。孰知不言之辩，不道之道？"

遥远西方的古希腊德尔菲神庙也刻有"认识你自己"的箴言；苏格拉底说过"我比别人知道得多，不过我知道自己的无知"；蒙田认为"世界上存在两种无知：粗浅的无知出现在知识之前，博学的无知跟随在知识之后"；伏尔泰更是毫不留情地调侃道："有学问的傻瓜，远比无知的傻瓜还愚蠢！"

芝诺的学生曾经问他："你的知识如此渊博，为什么还会对自己的解答产生疑惑？"芝诺顺手在桌上画了一大一小两个圆圈，然后手指着圆圈说道："大圆圈是我的知识，小圆圈是你们的知识，我的知识的确比你们多，但我的圈长比你们长，因此，我面临的无知也比你们多。这就是我常常怀疑自己的原因。"

古人早就明白的道理，今天许多学富五车才高八斗的学者却执迷不悟，他们常常恬不知耻地自诩为天下第一。如果有人问：“他们为什么变成这样？”大家立刻会回答：“因为骄傲自满。”如果有人再问：“他们为什么会骄傲自满？”很多人便答不上来了。

人之所以会骄傲自满固执己见，是因为他对无知与知识之间的辩证关系一无所知。

当人类第一次面临神秘莫测的未知世界时，对无知的恐惧便深深震撼了他的心灵，那种刻骨铭心的恐惧同时也激发起他强烈的求知本能，使他一步一步迎着恐惧去征服无知。而当他知识的领域不断扩大时，他会发现他的无知非但没有消除，反而随知识的增加在不断扩大。不过，这种越扩越大的无知非但没有使他惧怕，反而激起他更大的勇气和决心去寻求更多的知识。

谦虚谨慎勤勉好学之人正是这样一步步获取知识的，而且知识越多他们越发谦虚谨慎勤勉好学，因为他们知道他们获取的知识不过是对大自然肤浅的认识，他们明白人类永远不可能完完全全认识世界。

骄傲自满固步自封的人恰恰相反，他们以为自己获得的知识是毋庸置疑的绝对真理，用它们可以来消除自己的无知。因此每获取一分知识，他们对世界和自身的怀疑便减少一分。当他们的怀疑消减为零时，他们的无知也消失得无影无踪了，而他们追求知识的动力和勇气也就此消除殆尽！

迈向知识殿堂的第一步我们会问“为什么？”，而要问“为什么？”我们先得承认自己无知。由此可见，无知是人类获取知识不可或缺的先决条件。求知欲是人的本能，无知则是求知欲的跳板，一个自以为无所不知的人，他的求知欲必然枯竭，那样的生存简直会令人无法忍受！

战胜对无知的恐惧通常有两种办法：一是迷信自己的观点，把自己当成全知全能的神，从而消除所有无知。一是爱上无知，明白无知是获取知识的先决条件，安心与无知为伴。

以为人类可以成为全知全能是对无知的无知，这种对无知的无知会大大妨碍人类知识的进程，因此认识无知尤为重要。无知并不可怕，无知装有知才可怕，更为可怕的是把一知半解当成全知全能。因为无知装有知只会招来众人的讪笑，把一知半解当成全知全能则会迷惑世人贻害无穷。

我们不仅仅在自己涉足不深的领域要承认自己的无知，在自己毕生研究的领域也一样，因为人类的知识永远不可能穷尽大自然的奥秘。在思想探索的道路上，有时候安于无知比企图无所不知要好得多，因为只有怀疑才能使人类的知识永不枯竭，永远生机勃勃。

人类只能竭尽全力去熟悉自然顺应自然，做大自然忠实的崇拜者和永远的仰慕者。知识没有止境，因为有无知相伴左右，一个人倘若自以为博古通今无所不知，他的学习之路便走到了尽头；一个民族倘若自以为掌握了绝对真理可以为所欲为肆意改造世界，它的前进之路便会戛然而止。

人生幸福三境界

“知之者不如好之者，好之者不如乐之者”，孔子这一句平白易懂的心灵格言，人类念叨了几千年，也咀嚼了几千年，可有几人能知晓其中深奥的哲理呢?

“人乃万物之灵”是因为人能成为自己认识对象的主人。人类追求的既有物质对象也有精神对象，无论追求哪一种对象，都要经历三种境界：懂它——爱它——以它为乐。只有在达到第三重境界时，人才能使自己与认识对象融为一体，完成从必然王国向自由王国的过渡，从而由认识对象的奴隶晋升为主人，最终达到“天人合一”成为万物的主宰。这时候人世间所有的苦难——贫穷、屈辱、疼痛、绝望乃至于死亡，统统都不再恐怖狰狞，因为你的快乐已经超越它们上升为永恒的幸福了。普通的快乐不需要痛苦作铺垫，而没有铺垫的东西必然脆弱而短暂。幸福扎根于痛苦之上，所以坚韧而隽永。即使你身处逆境，幸福之花也会照常盛开，为你驱走落寞与孤寂。

“知之者”是人生幸福的第一重境界。下面以诗为例加以说明。诗排在“诗书礼乐”人身诸修养之首，孔子说“兴于诗，立于礼，成于乐”，庄子说“诗以道志，书以道事，礼以道行，乐以道和”，足见诗在人身修养中的重要性。一个人怎么才能成为“知诗者”呢？不是背诵诗，也不是说出诗的诸多规定，而是要借鉴前人的经验与知识根据自己的亲身经历写出诗来，因为只有当你成了诗的创造者时，你才能真正了解诗，感受到诗的无穷魅力，并从中得到快乐。

知道了诗的奥秘、品尝到诗的乐趣，你会渐渐爱上诗，从而迈入人生幸福的第二重境界——“好之者”。爱上诗以后你会更热衷于诗的学习与创造，你得到的快乐也会越来越多，但这时候你还是你、诗还是诗，你们并没有融为一体，因为你的爱并不纯净。也许你将诗当成了敲门砖，企图用它敲开宫廷的大门；也许你将诗当成了印钞机，企图靠它富甲一方；也许你将诗当成了复印机，企图从此万古留名。于是，诗给你带来快乐的同时也会带来痛苦、烦恼甚至绝望。只有当你彻底忘了自己，全心全意爱上诗的那一刻，快乐才会踩着痛苦、烦恼、绝望的阶梯一步步攀上幸福的峰顶。

当你达到了人生幸福的第三重境界，你与诗才会融为一体——你就是诗、诗就是你，你们才能在尘世间找到属于自己的伊甸园，正如陶渊明找到梦幻般的桃花源一样。这时候贫困潦倒、痛苦绝望又算得了什么呢？面对贫困，陶渊明会吟出“采菊东篱下，悠然见南山”“俯仰终宇宙，不乐复何如”的欢乐；面对屠刀，文天祥会吟出“人生自古谁无死，留取丹心照汗青”的豪迈；面对死亡，陆游会吟出“死去元知万事空，但悲不见九州同。王师北定中原日，家祭无忘告乃翁”的淡定。在“乐之者”的生命里，已经没有了烦忧，因为快乐已经定格成永恒！

再以人人都经历过的爱情婚姻为例，彼此了解和彼此相爱远不能让夫妻俩获得真正的幸福，只有当婚姻生活能给他们带来无穷快乐了，他们才能体验到爱情的真正魅力，到这时他们的爱情婚姻才能得以圆满。

此外像居里夫人和镭、郑板桥和竹、王阳明和他的“心学”，他们每个人的故事都说明了这样一个道理：只有当一个人与自己知道、喜好的对象融为一体时，他才能像孔子那样迈入“乐而忘忧”的美妙境界。

漫谈哲学

爱因斯坦说“哲学是全部科学之母”，济齐鲁说“哲学是能医治心灵百病的药石”，埃西克斯说“哲学是指出真理的指南针、暗示真理的明灯”，黑格尔说“哲学是科学之王，科学从哲学得到他们的本质、概念和活力”……这些人把哲学捧上了天，他们像供奉神明一样将哲学供奉起来。

然而，帕斯卡尔说“能嘲笑哲学，这才真是哲学思维”，勃特勒说“一切哲学如果寻根问底，都是无稽之谈”，亚当斯说“哲学是对不能解决的问题做出的愚蠢答案”，维特根斯坦说“哲学是一场防止人类理智受到语言迷惑的战斗”，怀特海说“哲学的目的不是解释神秘事物，而是把它们逼得走投无路”……这些人将哲学踩入泥中，使哲学成为世人嘲弄的对象。

有时候哲学书读得越多反而越使人迷惘，尤其是对教科书上说的“哲学是理论化、系统化的世界观，是自然知识、社会知识、思维知识的概括和总结”之类的解释，你越琢磨越感到疑窦丛丛。究竟要怎样才能走出这种困境呢？叔本华有段话终于为我指点了迷津：

“只有从那些哲学思想的首创者那里，人们才能接受哲学思想。因此，谁要是向往哲学，就得亲自到原著那肃穆的圣地去找永垂不朽的大师。每一个这样真正的哲学家，他的主要篇章对他的学说所提供的洞见常千百倍于庸俗头脑在转述这些学说时所作的拖沓肤浅的报告。”

于是，我遵从叔本华的教诲重读了老子的《道德经》和有关苏格拉底的著述，到这时我终于恍然大悟：原来哲学并不神秘，概括起来就是“爱智慧善思辨”而已！渐渐地我明白了“道可道，非常道；名可名，非常名”（老子）“疑问是哲学之始”（苏格拉底）的道理，也明白了“凡可以说的都可以说清楚，不可以说的最好沉默”（维特斯根坦）“科学是你知道的，哲学是你不知道的”（罗素）的真实含义。

原来哲学不是学出来的而是悟出来的，因为哲学不是任何一种知识，只是探寻知识的某种方法。一个有志于哲学思考的人，首先要承认自己的无知，并在好奇心的引导下，携手怀疑才有可能探测客观存在与主观存在之间的奥秘。要防止自己滑入决定论的泥沼，怀疑是唯一管用的法宝。怀疑既包括对他人的质疑，也包括对自身的质疑，而且后者更为重要，因为怀疑是一个人始终不渝追求真理的永恒动力，对他人的质疑可能是虚荣心使然，对自己的质疑才是对哲学无可置疑的真正热爱！

记得第一次读苏轼《题西林壁》时，其中深湛的哲理曾令我叹为观止。

横看成岭侧成峰，
远近高低各不同。
不识庐山真面目，
只缘身在此山中。

如果我们把“庐山”比拟成“自然存在”，哲学家和科学家们就像技艺精湛的摄影师，他们各自站在不同的位置为“庐山”拍摄出形态各异五彩缤纷的照片，但谁能说自己拍摄的“真相”就是“庐山真面目”呢？即使一个人能跳出庐山从远处或从高空去拍摄，他拍到的“真相”依然也不会成为“绝对真理”，因为所有照片都是“自然存在”某一部分或某一侧面的摹写，“庐山真面目”永远隐藏在人类朦胧的直观中！

有人说哲学是探明真相寻找真理的学问，但是如果真相是可远眺却不可逼近的地平线，你越试图接近它，它反而会离你越远；如果真理是可欣赏却不可把玩的水中月影，你越想拥抱它，它反倒会消失得无影无踪……我们不是可以就此断定那些自称掌握了“绝对真相”的人统统都是江湖骗子吗？

于是，我暗下决心：我要把对真理永久地质疑当成自己唯一的使命，因为我已认定所有真理都是蹩脚的。我要驾驶怀疑与坚信的双轮马车去寻觅真理，因为绝对怀疑与绝对相信都会使真理终结，怀疑自己的怀疑与怀疑自己的确信才会成为自己认识真理的一个又一个新起点。没有怀疑的坚信容易使人盲从，没有坚信的怀疑容易使人虚无，人类唯有在怀疑中坚信、在坚信中怀疑，才能凭借它们在精神世界里走得更远。我还要永远与奢谈真理的人作对——如果他绝对肯定真理，我就努力去否定；如果他绝对否定真理，我就努力去肯定，直到让他明白真理既永在又不会以某一恒常状态永在为止。

哲学是对思想的思考。思考的前提是什么？是怀疑。没有怀疑，思考根本无从进行。因此一个思想者首先要具备的便是怀疑精神，这种怀疑必须始终贯穿其一生，一旦他把他人或自己的某种观点当成毋庸置疑的绝对真理，他作为思想者的生命便完结了。因为他要么不断重复别人的话，要么不断重复自己的话，而对思想者来说重复便意味着死亡！

哲学提供人类认识世界和自我的方法，科学、宗教、艺术则提供人类认识世界和自我的手段。哲学永远在质问：什么是世界和自我？科学、宗教和艺术不断在回答：世界和自我是什么……任何一门学科都有值得骄傲的理由，唯独哲学没有，因为哲学不是知识而是人类认识世界获取知识的某种方法，然而无论哪种方法都不可能永远有效、放之四海而皆准。

哲学思想的可贵之处在于它的突发性与独特性，那些被人反复传诵的千篇一律的思想只是思想的赝品。真正的哲学思想是突如其来独一无二的，真正的哲学家不是“他在思想”而是“思想在思他”！ 思想绝不是干瘪的文字所能完全表述的，任何伟大杰出的思想必然带着殉道者的热情、希望与视死如归的勇气，必然伴随着思想者不朽的人格魅力！

思想者往往是孤独的，因为他们总爱窥探人性的奥秘！当他们赞美人性时，别人会以为他们在自吹自擂；当他们谴责人性时，别人又会不自觉地对号入座，对他们萌生恨意。伟大的思想常常会被同时代人斥为荒诞、怪异，这是人类的虚荣心在作怪。人们乐意赞赏千年前的平庸思想，却不肯承认当代人的深刻，那是因为害怕自己因此而相形见绌。所以那些沽名钓誉、害怕孤独的人永远成不了思想者，从某种意义上说一个人选择思想便选择了孤独。一首优美的诗可以赢来经久不息的掌声，一篇犀利的檄文可以博得满堂喝彩，一种深邃的思想却会激起铺天盖地的反对声浪。因此卓越的思想在当代鲜有知音，平庸的思想却能够煊赫一时名满当下，真正伟大的思想只有在遥远的未来才能得到呼应，但到那时该思想的洞察者早已作古。

害怕孤独的人其实是害怕与精神的自我相处，人类除了那个整天忙忙碌碌、直接面对他人的有形肉身之外，还有一个默默静观着自己肉身在尽情表演的无形的心灵。人们害怕心灵对肉身的关照，实在是因为自己肉身的所作所为太平淡无奇了，因此只有那些言行举止不同凡响的人才会喜欢与眷念孤独。真正的思想家害怕被世人理解更甚于被世人误解，被世人误解只会令他伤心，被世人理解则会使他对自己的思想产生怀疑与厌倦——因为媚俗与平庸正是思想家的坟场！

哲学是一片诡异神秘的旅游胜地，在那里你可以释疑解惑、消愁解闷、洗却所有身心的尘埃，在那里你会感到心旷神怡、飘飘欲仙、萌生无数美妙的冥想和欲望。但是，你必须及时返回现实生活中来，否则你可能因为流连忘返迷失心智，成天念叨一些谁也听不懂的风声鸟语而终老山林。

哲学是人类最早的思想成果之一，它也必将随着人类的发展壮大绵延千年万载……但要回答“哲学是什么？”却并非易事，恰如老子所言“道之为物，惟恍惟惚……玄之又玄，众妙之门”，人类所有对哲学的解释毫无例外都是对哲学的嘲弄与背叛，因为哲学本质上就是对习俗与习惯的反思与背离！

哲学像空气一样与人类休戚相关密不可分，但它看不见摸不着，你根本无法体察到它的存在。也许在你永远离开地球迁徙到另一星系的那一天，当你从高空远远眺望那个曾经居住过的蓝色星球时，你能体察到它的存在，甚至理解它存在的意义，然而，那时候你已经无法对地球上的同胞们诉说了。

哲学像时间一样与人类同生共死纠缠不清，但它无声无息无影无踪，你根本无法感受到它的在场。也许当死神莅临你即将永别生命的那一刻，或者当你永别过去永别生养你的故土永别你生死难忘的亲人时，你能感受到它在场，并且洞悉到它的奥秘，然而，那时候你只能带着那个秘密不无遗憾地默默沉入永恒的虚无之中了……

谈无

从人类诞生那天起，无数人无数次地被“无是什么？”所难倒。人们搜肠刮肚绞尽脑汁想回答这个问题，然而所有回答均被一一否定。渐渐地“无”变成了一道无解的方程、一个永无结果的悖论、一桩无法厘清的无头公案。它使亚里士多德厌恶，使帕斯卡尔惶恐不安，甚至使恩培多克勒纵身跳入西西里岛埃特纳活火山，用自己壮烈的死去否定虚空的存在，他的死如同他想象出来的神秘的“以太”一样让后人永远地感叹与疑惑。

老人们说“无是死亡”，孩子们说“无是什么都没有”，数学家说“无是零”，物理学家说“无是真空”，天文学家说“无是空间”，逻辑学家说“无是空集”，哲学家说“无并不存在”，艺术家说“无是真实”，诗人说“无是不朽”……

经过几千年的艰难探索，人类至今仍然不能证明“无”究竟是否存在，尽管如此“无”却像影子一样和“有”难舍难分纠缠不清。

在数学界，人们发现了零的无穷奥妙，这个最早由巴比伦和印度人发明的“有”的对立面“无”，像阿拉伯故事里从瓶子中蹦出来的妖魔般展现出无法无天的神力，它不受人类理性的约束，不遵守数学与逻辑的规则，从此自由自在大摇大摆地走进人类所有的领域。

在科学界，人们发现真空不过是指容器里一切能被清除的都被清除后留下的状态，这种状态绝不是空无一物，它仅仅是可以得到的最低能量状态。紧接着牛顿那个独立自在无边无际的“绝对时空”，也渐渐被爱因斯坦那个与物质（能量）紧密相连无法割舍的“相对时空”所取代。

在哲学界，人们开始对黑格尔“无中生有”的辩证法展开全面反思。黑格尔对世界的起源曾作过如下假设：“无”自我否定慢慢走向自己的反面成为“一”（有），“一”再自我否定成为“二”，“二”同样通过否定之否定变成“三”，周而复始终于变幻出世间万物。他这种离开直观对象的纯粹思辨后来遭到了世人的唾弃与嘲弄，人们纷纷将其归于诡辩之列。

“‘无’是否存在？‘无’是‘有’之异形吗？‘无’是什么都没有吗？”对于这些似乎无从回答的世纪之问，我的回答是如下：

“‘无’是世间万物展现在我们眼前时那种若有若无神秘莫测的混沌影像。人类通过感官去感觉、通过大脑去思维才渐渐使那团混沌的影像慢慢明朗清晰起来，最终形成另一个与现实的物质世界遥相呼应的精神的‘物质世界’……然而，当我们重新直观真实的物质世界时，那说不清、道不明的混沌影像依然存在，那就是‘无’！

“‘无’不是什么都没有，它始终都在那儿，在我们的直观中，只是我们无法用语言文字清晰地表述罢了。进入人类思维和意识的‘有’虽然是我们对‘无’的摹写，但那仅仅是摹写并非‘无’本身。”

“无”和“有”相辅相存如影随形，那些以为世界由“无”而生的人把“无”当成了“有”，从而引发了思维与逻辑的混乱。他们忘了“无”和“有”都是人类自身的产物，虽然相对现实世界而言“无”什么都没有，但人类却能从中变幻出物质、世界、神、真理、自然规律等奇妙的概念，这既是人的渺小也是人的伟大！

早在两千多年前，我国聪慧的老聃在揭开“道”的神秘面纱时便留下许多有关“无”的精辟论述：“有无相生”“天下之物生于有，有生于无”“有之以为利，无之以为用”……

“有和无”是人类思维渐趋成熟时诞生的一个划时代的奇特发明，是人类精神世界的一大创举。“无”在哲学上举足轻重不可小觑，其重要性无异于数学上的零。人类的哲学大厦便奠基在这神秘而实在的“无和有”之上。“无”和“有”是不可分割的，正如阴与阳、善与恶、大与小一样，它们都是我们认识世界的一种思维方式，并非实指某种客观存在的对象。

我们的“知”从何而来？从不知开始！我们的感知从何而来？

从只可直观的“物自体”而来！我们最深的感悟从何而来？从只可意会不可言传的“道”而来！不要企图认识绝对真理，不要奢望揭晓现实世界的全部奥秘，倘若人类能完完全全感知乃至认识客观世界，那人类就会变成自己创造出来的莫须有的万能的神！

我们直观到的万事万物永远笼罩在神秘而永难揭晓的“无”之中，人类的认识只能无限逼近自然，却永远无法完全揭晓之，这情形正像画师临摹自然一样，即使他的画再逼真也只是自然的赝品而非自然本身！

时间只是衡量万物变化的一个参数，没有万物的变化就没有时间的存在，倘若世间万物瞬间凝止凝固永恒不变，时间也会瞬间消失得无影无踪。离开可直观的事物单纯讨论时间是毫无意义的，因为人类的语言和逻辑能使任何彼此对立的推论统统变得天衣无缝滴水不漏。

空间是事物不变时占据的位置，不同的物质占据的地域与方式不同，有些物质不能为我们的触觉与视觉所感知，我们便称其为空间。最广袤的空间充斥着已知和未知的形形色色的能量……

“无和有”同“善和恶”“真理和谬误”一样都是我们认识事物的某种方法，它们不在事物之外而隐伏于事物之中。它们是人类思维的产物，彼此依存活跃在人类神奇的大脑中，任何一方消失，都会导致另一方同时消亡。所不同的是“有”可见而“无”

不可见，“无”只有用我们的心灵之眼才能窥见；“有”可以感知与计量，而“无”无法感知与量度。然而只有当我们真正理解了“无”时，我们才能真正感悟到“有”的永恒与无限。

有些人经常愤愤不平地说“世界上没有善”“世界上没有真理”，他们的言外之意是肯定世界上只有恶与谬误。说这话的人犯了一个天大的错误：没有善哪来恶？没有真理哪来谬误？这情形正如有人硬生生拆散“有和无”，并强行将“无”逐出人类的精神世界一样。我们设想一下：倘若世界上没有“无”，“有”便成了“绝对的有”，当“绝对的有”充满人的大脑，不留一丝空间让人的想象驰骋，到那时人的思维会停滞，大脑会瘫痪，人类将会因此而疯狂！

沉思死亡

一

一提到死，有的人会眉头皱得宛如坟茔，有的人会寒颤打得震天响，有的人会像漏气的阀门那样“呸呸呸”啐个没完没了……他们仿佛看见了墓碑，看见了骸骨，看见了蛆虫翻拱的尸身，厌恶与恐惧顿时会像洪水般将其吞没。

一旦真正面临死亡时，有的人会顿足捶胸嚎啕大哭，尽失“万物之灵”的人格与尊严；有的人会惊恐万状呆若木鸡，尽失智慧人类的颜面与水准；有的人会磕头如捣蒜苦苦哀求，向魔鬼出卖自己的道德良心……在这些人眼中，死亡仿佛是一个真真实实活在人世的狰狞怪兽，是一个明明白白存在于浩瀚空间的宇宙黑洞。它能吞没一切，从一个人的肉体到灵魂，从一个人的欲望、梦想、回忆直到他残留世间所有的声音、气味和光影。

为什么平日里雍容华贵高不可攀的人类，会在面临死亡时变得那么失态那么可怜兮兮的连畜生都不如？为什么人类几十万年的文明进化，居然会在那一刻前功尽弃？这究竟是人的天然本能还是后天变异？这究竟是人类不可逆转的命运还是一种意外、一种偶然？

无机物不怕死，因为它们根本没有生命；植物不怕死，因为它们不具有感受恐惧的神经系统；动物也不怕死，面对死亡时它们只会本能地逃避，直至死亡降临的那一刻，它们根本没有害怕的闲暇。——只有人类才害怕死亡！

多么滑稽而又可悲的现实呀！自诩为高级动物的人类居然会在死亡面前变得比草履虫更卑下！恐惧死亡的人，不管是称霸世界的帝王还是腰缠万贯的富商，不管是声名远播的文人雅士还是醉生梦死的市井无赖，一旦面对死亡都会变得同样卑贱同样猥琐不堪！

不过，并非所有人都惧怕死亡，否则人类即使没碰上恐龙所遭遇的天灾也要被自己进化了千百年的羞愧心羞死！

面对狰狞的死亡，苏格拉底依然思维敏捷谈笑风生，阿基米德依然沉醉在自己的发明与计算中，裴多菲高唱“生命诚宝贵，爱情价更高，若为自由故，二者皆可抛”，文天祥豪迈地喊出“人生自古谁无死，留取丹心照汗青”！虔诚的教徒会平静地离开人世，英勇的斗士也会含笑赴死……

于是我们不禁要问：同样是人何以会有如此天壤之别？为什么有的人光明磊落惊天动地让死神望而却步，有的人苟且偷生惶惶不可终日使生者蒙羞受辱？

对死亡的恐惧不可能是先天本能，因为在生命伊始，每个人同样具有“初生牛犊不怕虎”的勇气。随着年岁的增加，随着经验、知识、体魄的增长，随着金钱、权力、名声的不断累积，对死亡的恐惧才像病毒一般慢慢侵蚀了某些人的心灵。

儿童为什么不怕死？因为他们对死亡一无所知。智者、勇士、虔诚的教徒为什么不怕死？因为他们对死亡已经有所认识，正是对死亡的某种认识使他们具有不可撼动的信念，使他们能够舍弃自己拥有的一切欣然受死。

惧怕死亡者的根源就在对死亡的一知半解，确切地说是对死亡的误解和曲解！在惧怕死亡者眼中，死亡就像一只活蹦乱跳的猛虎，随时可能扑上来将他撕得粉碎。他们以为只要设法躲开它，生命便能无限延续，自己便能继续享受美酒佳肴，享受恭维与服从，享受性的快乐。在他们看来自己的存在是一个奇迹，自己拥有的一切——身体、金钱、权力、名声都是自己辛辛苦苦挣来的，死神要将自己的生命剥夺，让自己再也无法享受曾经拥有的一切是一种极不公正的背信弃义行为。因此，他们才会在死亡降临时拼命挣扎、嚎叫，不惜出卖他人利益以苟延残喘。更有甚者，在死亡尚未来临时，便被自己对死亡的恐惧活生生地吓死了！

二

恐惧是理性最可怕的敌人，对死的恐惧则是所有恐惧中最可怕的瘟疫，它杀死的是比肉体更高贵的灵魂。为了克服对死亡的恐惧，人类从成为“万物之灵”的那天起就将“死亡思考”当成了一门必修课。翻开古今中外哲人们的宏篇巨著，你会发现无论在东方还是在西方，无论在远古还是在今朝，人们对死亡的思考从未中断过，而且形形色色林林总总无不闪烁出人类最深邃最精湛的思想灵光。归纳起来大致可以分为以下几类各不相同的死亡观。

第一种，死亡即“新生”。持这种观点的人把肉身的死亡当成灵魂回归永恒的手段，他们凭借信仰克服了对死亡的恐惧。基督徒临终时会平静地接受死亡，因为他们坚信自己的灵魂正奔赴天国前往仁慈的天父身边，即将永永远远安享天国的和平与温馨。佛教徒同样视死如归，因为只有肉身的灭寂才能使凡人超脱轮回涅槃成佛，从而致达不生不死的极乐世界，死亡对他们来说如同乘风归去驾鹤西游般轻松愉快。当然要想灵魂将来永生不死幸福安康有个条件，那就得今生今世一心向善、慈悲为怀，所以只有真正虔诚地敬神爱人的信徒才能最终摆脱死亡的魔咒。

第二种，死与生无关，既不可知亦不存在。孔子说“不知生焉知死”，伊壁鸠鲁也说“我们活着时，死尚未来临；死来临时，我们已经不在。因此死与生者和死者都无关”。人生苦短，既然有那么多关乎“生”的事情需要操心，又何苦为那根本不存在的“死”去烦恼呢？的确，恐惧死亡的人何其无知也！生命是在活着时的一分一秒中度过，你不为活着时那可见的瞬间思虑，却为死后或生前那不可知的永恒思虑，岂不荒谬？于是，持这种观点的人将全部时间与精力投入到对生者的爱与关怀之中，他们凭借对生者高度的责任感轻而易举地摆脱了死亡的魅影——他们根本就没有恐惧的时间！风华正茂时，他们修身齐家治国平天下；风烛残年时，他们无怨无悔地为年轻的生者孜孜不倦操劳到灯干油尽。

第三种，死亡普遍存在、必然发生。卢克来修说“在你死后，万物将随你而来”。既然谁也难免一死，死对于每个人来说就是再自然不过的事情，就像春天打雷下雨、冬天刮风下雪一样，既然人皆有死，我何独惧？其实正是死亡才能使一个人对尘世的高官厚禄、灯红酒绿嗤之以鼻。一想到人人都将死去，人世间那转瞬即逝的荣华富贵又怎能长久激荡我们的心灵呢？认识到死的普遍性与必然性的人之所以不会像惧死者那样陷入自暴自弃的绝望深渊，是因为他们同时也认识到生的普遍性与必然性。于是，蒙田告诫我们：“你由死入生的过程无畏也无忧，再由生入死走一遍吧。”拉罗什福科也说“死亡的必然性造就了哲学家的全部坚定性”。认识到死亡不可避免的人，他们勇敢而理性地看待死亡，毫无保留地将全部热情投入到理想、事业、爱情、友情以及公共事务之中，他们靠激情一劳永逸地将死的恐惧抛到了九霄云外。

第四种，死与生密不可分。老子和庄子属于这一观点。泰戈尔说“死亡隶属于生命，正如生一样。举足是走路，正如落脚也是走路”，比贝斯科也说“死亡是今生而不是来世的一部分”。既然死和生是一个事物的两面，我们为什么要厚此薄彼呢？人与物、天与地、世间万物变幻莫测、和谐共存，哪有寂灭？哪有空无？只有流转、流变、生生不息。于是，萨特洒脱地说道：“死亡说到底是向自然的回归，并肯定我是自然的一部分。”是啊，物质不灭，生死何须论！万象皆泯，色空谁更真？持这种观点的人，非但不会厌恶与恐惧死亡，反而会视其可亲可敬。他们通过思辨达到了与他人与他物的沟通，通过热爱每一个部分与瞬间达到了和自然与永恒的沟通。他们置生死于度外，视万物为神圣，善待一草一木、一虫一兽，善待身边的每一位男人和女人，在自然博大的胸怀中天马行空自由自在地享尽生命的欢乐与宁静。

三

“人为什么会死？”是科学研究的课题。“死是什么？”才是哲学思考的问题。其实我们谁也绕不开这道坎，一个人无论身份贵贱、学识高低、品味雅俗，在生命进行途中都会身不由己地陷入对死亡的思考，因为每一个人都是潜在的哲人，能够对万物展开思考用语言做出规定，继而又对自己的规定进行反思，这正是人与万物的本质区别。

惧怕自然存在物是因为人的愚昧无知，惧怕人类精神臆造出来的非存在，则是由于对对象的误解与曲解。恐惧死亡正是这样，对死一无所知的人从不怕死，倒是那些对死亡一知半解而又不甚其详的人才怕死怕得要命。死亡缠着惧死者就像皱纹死死缠着耄耋老人，或者像癌细胞死死缠着病入膏肓的晚期癌症患者。原因就在他们放不下心中的妄念，舍弃不了自己那个迟早要舍弃的臭皮囊，舍弃不了那个终将归于虚无的自我。

一个只想到自己的人注定是不幸的。首先，死的恐惧会像鬼魅一样无时无刻不缠着他，“人皆有死”的现实使他永远也无法露出开心的笑容。其次，生的无聊也不会放过他，因为无聊与寂寞只有当一个人忘掉自己并与他人或他物融为一体时才能排遣。

对死的恐惧可以催生无数恐怖的幻影，不怕死的人只死一次，惧死者要死千万次，生的欢乐全在这漫长而痛苦的等死中化为乌有。其实我们谁也不能见到自己的死，对每个人来说存在永远只是眼前当下生的瞬间，死不过是我们生时的一种妄念罢了，为一种莫须有的妄念而恐惧实在荒谬绝伦!

“死是什么?”死是一个人从有限迈向无限、从今生通往永恒的必由之路。何谓永恒?永恒是无数瞬间的集合，与无数瞬间全然不同的永恒根本就不复存在。不为有限的瞬间忧虑，而为根本不存在的无限的永恒忧虑的人何其愚钝呀!其实一个人只要参透了生命的每一瞬间，他也就参透了生前死后的永恒!

死是绝对的寂静、绝对的黑暗、绝对的虚无，它能映出我们灵魂最深处的声音、色彩以及那些甚至不为自己知晓的隐秘的信息，难怪在死亡面前有人惶恐、有人安详；有人崇高、有人卑怯……

死是人生悲喜剧的最后一幕，没有谢幕再好的剧情也会令观众烦闷；死是人生乐曲的最后一个音符，没有尾声再好的乐曲也要让听者生厌。死是惊天动地的闪电，是摧枯拉朽的烈火，死是一泻千里的洪水，是催生万物的春雷。

死虽然是对生命的否定，却又是人生极为重要的组成部分。没有死，人生便不能圆满； 没有死的黑暗，便显不出生的奇光异彩。战胜死亡恐惧的最好办法就是与死神交朋友，让他成为你生命价值的见证!

“死是什么?”也许未来的人们还会做出千奇百怪的解释，然而无论怎样的解释，只要能使人勇敢舍弃窒息心灵的物欲，只要能让心灵真正感受到生的快乐，人类都会欣然接受。因为一个人要想获得生的快乐，首先就要能坦然面对死亡，如果他时时为死忧虑，生的快乐就永远是一种奢望。

让我们像接受生那样去接受死吧，不管你将死当成新生还是将死看成空无，不管你将死看成必然还是将死视为生本身，只要你明白死亡只能针对速朽的个体，对永恒的整体而言死亡就像灰尘一般渺小！但愿人人都能像耶稣那样英勇赴死，像释迦牟尼那样视死如归，像海德格尔那样做个“能死者”，像陶渊明那样“死去何所道？托体同山阿”，像庄子那样面对死亡叩盆而歌……

抛开死的魔影，消除死的恐惧，生活才会美好，人生才会灿烂。